JN439483

좌절의 길목마다 심어준
시詩의 꽃씨들

네 아들과 술잔 나누는 행복한 우리 내외

문종환文宗煥

1938년 1월 31일생
경기도 양평군 옥천면 신복리 24번지 출생
1958년 3월 휘문중고등학교 졸업
1964년 3월 연세대 상경대학 상학과 졸업
1964년 3월 삼호무역주식회사 입사
1967년 동진공업사대표
1975년 선일무역주식회사 대표이사
2010년 효봉무역주식회사 대표이사 역임

현) 한국문인협회, 국제펜한국본부 회원
노원문인협회 고문, 한맥문학작가회 이사, 계간문예작가회 이사

현주소: 서울 노원구 싱계로 108 (상세2동)

저서著書

제1시집: ≪인생의 주름에 접혀진 꽃잎들≫(318편)

제2시집: ≪지족知足≫(시339편)

제3시집: ≪어머님의 창과 시속에 잠재운 아내와 나의 시골농장≫(시335편)

제4시집: ≪방황彷徨의 노래≫(시273편)

제5시집: ≪화안한 웃음≫(시268편)

제6시집: ≪좌절의 길목마다 심어준 시詩의 꽃씨들≫(시276편)

수필집: ≪인연이 꽃피는 나무들≫(수필43편)

족보: 남평문씨 헌납공파 휘응태계세보南平文氏獻納公派揮應台系世譜

수상受賞

고교2년 전국 학도호국단 주최 시부문 고등부 1등 당선 문교부장관상

노원문학상, 계간문예작가상

표지삽화: 스카이 미술학원 원장 문희준

노원상계로108 효봉빌딩 4층

계간문예시인선_149

좌절의 길목마다 심어준 시詩의 꽃씨들

문종환 제6시집

계간문예

| 서문序文 |

환갑 나이부터 시작한 시詩와의 제2 인생길을 걸어 온지도 어느새 21년이라는 짧지 않은 세월이 꿈엔 듯 흘러갔다. 그 21년간 시와 함께 열정적인 애증愛憎의 삶을 함께하여 오는 동안 6권의 시집(시1,809편)에다 1권의 수필집(수필43편)을 발간했고 그리고 한문으로 된 문중족보를 한글과 가로쓰기로 번역 출판하여 신라시대 시조님으로부터의 역사를 문중 누구나 쉽게 읽을 수 있도록 했다.

그간에 발간한 책들을 보니 고교시절 좋아하다 헤어졌던 시를 환갑나이에 다시 만나 팔순도 넘은 오늘까지 적지 않은 글을 썼구나 생각되며 그래도 시詩에 대한 나의 사랑의 열정만큼은 그런대로 깊기는 했구나 하고 새삼 스스로 느끼기도 한다.

사람들 간의 사랑도 살다보면 미움도 섞여야 더 깊은 정 드는 것과 마찬가지로 시와도 사랑과 미움을 번갈아 주고받으며 긴 세월 지내다보니 정 또한 깊어지기만 했다. 사랑하는 아내에게는 그 어느 대가를 바라지 않는 것처럼 나는 사랑하는 나의 시에게서도 그 어떤 털끝만큼의 바라는 게 없다. 그저 아내처럼 애증 섞인 사랑만 나누며 행복한 삶을 누리고 있을 뿐이다. 하기야 서로 머리 맞대고 내놓는 시들을 보면 모두가 불만족뿐이라 어떤 때는 하도 깊은 방황과 좌절에 빠져 시를 멀리하려 애도 써보았지만 미우나 고우나 내 자식들과 같은 시들인데 그리고 나를 닮아 그런데 하고는 다시 서로 붙안고 살아온 것이다.

내 사랑하는 시의 여신은 기특하게도 나를 닮아 난해시難解詩를 멀리해준다. 누구나 읽고 이해할 수 있는 시들만을 고집해준다. 누구나 공감할 수 있는 평범한 시들만 사랑한다. 늦깎이 시인인 나에게는 남은 물론 나

자신도 이해 못하는 시를 쓴답시고 허공을 헤매기에는 그럴만한 여유도 없으려니와 나의 시의 여신 또한 그런 시 곁에는 얼씬도 못하게 한다. 그리하여 나의 시의 여신은 우리 내외 삶의 현장現場주변 속에서만 함께하며 행복을 누려온 것이다.

이제 나의 사랑하는 시의 여신과도 작별할 때가 되었다. 원래는 내가 고교시절 좋아했던 시를 환갑나이 되던 해 다시 만난 지 9년 만에 제1시집을 출간하고 나서 그로부터 11년 후에 나의 시집2, 3권과 수필집1권을 한꺼번에 출간하고 나서는 시와의 결별을 작심했었는데 마침 거절할 수 없는 원고청탁이 들어왔으나 더이상 쓸 기력도 없고 하여 혹시나 하고 책장 속을 뒤져보다 내가 써놓고도 깜빡 잊어버려 내 책장 속에서 잠들어 있던 천여 편의 시들을 발견하게 되어 가여운 생각이 들어 1년 반 만에 걸쳐 다듬고 다듬어 이번에도 또 스스로 놀랍게도 나의 시집 제4, 5, 6권을 한꺼번에 출간하게 된 것이다. 그러고 보니 그간 나에게 좌절의 한숨만 주던 나의 시의 여신도 내가 사랑해준 만큼이나 나를 사랑해 주었구나 하는 생각이 든다.

그간 21년간 아내와 농장을 오르내리며 농사를 지으며 시와의 제2인생을 걸어오면서 그 짧지 않은 세월 집안에서 빗자루 한 번 거들어주지 않고 지낸 남편에게 불평 한마디 없이 참고 견뎌와 준 고마운 아내에게 이제부터는 그 보상으로 아내를 도와 집안일을 적극적으로 도와주면서 여유작작여생餘裕綽綽餘生을 보내고자 한다. 나의 사랑하는 모든 분들에게 이 제6시집 ≪좌절의 길목마다 심어준 시의 꽃씨들≫을 드리고자 한다.

2019년 11월

노원상계로 108 우거寓居에서

문종환

| 서시序詩 |

세월

함박꽃 한잎 두잎 떨어져 슬퍼 보이지만
한해 피울 수 있었던 걸로 행복하답니다

모과나무 꼭대기 모과 한 알 고독해 보이지만
노랗게 끝까지 익힌 걸로 행복하답니다

거울 속 백발과 깊은 주름 슬퍼 보이지만
최선 다해 보낸 세월 후회 없답니다

| 차례 |

제2부 새내기 농사꾼 저 노인

제3부 복에 겨운 푸념

제4부 이 나이에 길이라도 잃으면

제5부 해가 갈수록 더 그리워지는 부모님

제1부

좌절의 길목마다 심어준 시詩의 꽃씨들

좌절의 길목마다 심어준 시詩의 꽃씨들 (1)

긴 세월 함께한 나의 시의 여신이여
그간 꽃 피어준 3권의 시집으로 만족하고
그대에게 작별 고하였는데 이를 어찌합니까
거절할 수 없는 청탁원고 서너 편 불쑥 찾아왔으니!
하지만 그대 이미 내 맘속에서 멀리 떠나버려
아무리 불러도 눈길 한 번 주지 않으니!
하는 수 없어 혹시나 찾아본 책장 속에서 발견한
나도 모르게 잠재워준 천여 편의 시들

뒤엉켜 지내온 애증의 그대와의 세월
방황과 좌절의 길목마다 심어준
그대 애정 어린 시의 꽃씨들
고마운 나의 시의 여신이여
나이 많아 그대 곁 떠날 줄 미리 알고
좌절의 길목마다 시의 꽃씨들 심어주셨군요
그리하여 시집 3권으로 만족하며 헤어진 나에게
또 다른 시집 3권을 건네주셨군요

좌절의 길목마다 심어준 시詩의 꽃씨들 (2)

사랑하는 나의 시의 여신이여
그대 찾아 방황하며 한숨짓던 내가
그리도 가여웠던가요
그래 이제 그대와 작별 고하고 나니
좌절의 길목마다 심어주신 그대 시의 꽃씨
책장 속에서 찾게 해주셨나요

순간적인 설렘과 기쁨만 주시고
긴 세월 좌절의 한숨만 주시더니
이 어인 놀라운 선물입니까

사랑하는 나의 시의 여신이여
이제야 알겠군요 그대 또한 나를
지난 세월 사랑해주셨음을
방황과 애증의 삶 속에서도
굴하지 않고 다시 정신차려 일어나
제길 찾아나서는 나를 사랑해주셨음을

좌절의 길목마다 심어준 시詩의 꽃씨들 (3)

사랑하는 나의 시의 여신이여
별난 꽃씨들 다 심어
새싹들 내밀어주셨군요

지난 그때 심어 자란
엉클어진 머리들
예쁘게 다듬어줍니다

지난 그때
보지 못했던 얼굴의 때들
말끔하게 닦아줍니다

가득한 사랑의 손길로
저마다의 향기도
뿜어내게 해줍니다

잘나도 내 시詩 꽃송이들
못나도 내 시詩 꽃송이들
미운 시 꽃송이 어디 있겠어요

좌절의 길목마다 심어준 시詩의 꽃씨들 (4)

저마다의 심겨진 좌절의 길목에서
얼마나 애타게 기다렸겠습니까
잠 속에서 깨워주기를

혹시나 그냥 잊어버리고
망각의 세계로 잠겨버리지나 않을까
햇볕 한번 못 보고 사라지지 않을까

너무나 가여운 생각에
하나도 쓰다듬어주지 않은 시 없습니다
내 몸 상하는 줄 모르고 정성 쏟지요

아내와 자식들도
몸보다 시가 더 소중하냐고
걱정들 심하지만

나이 들어 깜빡깜빡하는 미리
더 깜빡해지기 전 마무리해야 한다고
기를 쓰고 어루만져줍니다

좌절의 길목마다 심어준 시詩의 꽃씨들 (5)

사랑하는 나의 시의 여신이여 그대는
그대와 함께한 제2의 인생 20년을 거슬러
다시 한 번 다녀오게 하여 주셨습니다
이제는 중학생 고교생 대학까지 졸업한 7손주들
아가였을 때 모습들도 다시 한 번 만나보고
이제는 아버님 곁으로 가신 어머님
살아계실 때 모습도 다시 한 번 만나 뵙고

이제는 어느새 지천명 나이 된 네 아들 내외
젊었을 때로 되돌아가 만나보기도 하고
어디 그뿐이겠습니까
내 추억의 고향이며 강변집이며 농막이며
아니 다녀온 곳 없답니다
심어준 꽃씨마다
그때그때 추억들 다시 한 번 눈앞에 보여주며
그때그때 흘리던 좌절의 눈물도 보여 주었지요
20년 세월 그대와의 애증의 삶을
11개월 만에 다시 한 번 다녀왔으니
그대와의 삶 또한 그만큼 연장한 것 아닐까요

좌절의 길목마다 심어준 시詩의 꽃씨들 (6)

사랑하는 나의 시의 여신이여
나 이제 그만 그대에게 다시 한 번
작별을 고하고자합니다

환갑 나이 되어 지족의 가르침 깨달아
40여 년 최선 다한 사업 결과에 만족하며
그대 만난 것처럼

20여 년 그대와 함께 걸어온
그대와의 제2인생 또한 최선 다했기에
그대와의 작별을 고하고자 합니다

방황과 좌절의 길목마다 심어준 꽃씨들
시집 6권 총1809편의 시에다
수필집 한 권으로 만족하며

이제 나이 많이 들었으니 제3의 인생은
한가로운 마음으로 그대와의 삶 돌아보며
복에 겨운 여생 지내고자 합니다

흰 눈 속에서 붉은 꽃 시詩한 송이

창밖 테라스
불암산과 건물옥상들
온통 눈 세상인데
무엇을 찾기에
그리도 넋 잃고 내다보고
서 있는가요

저 쌓인 눈 속에
그 무슨 보석이라도
숨어 있는가요

그렇다오
나 오늘 온종일 이렇게 서서
저 흰 눈 속에서
보석보다 더 사랑하는
붉은 꽃 시詩 한 송이 꼭
찾아내고야 말겠소

왜 아니 걱정 되겠나

텔레비전 보던 아내
독일 프랑크푸르트에
폭설과 혹한 들이닥쳐

비행기들도
운항정지 되었다는 뉴스 보고
한숨 들이쉬고 내쉬며 걱정

가족들과 독일 가 사는 아들
집에 머무는 날은 일주일에
한 이틀뿐

유럽 전역 다니며 근무하기에
비행기가 사무실 꼴이니
왜 아니 걱정 되겠나

글로벌 시대라 어쩔 수 없겠지만
무슨 회사 그리도 부려 먹는담!
어서 집근처로 와 함께 살았으면

들깨기름

아내는 농막 근처 용문 장터로
들깨기름 짜러 가자 하지만
나는 알고 있다네 아내의 마음

이제 가을걷이도 끝나
홀가분한 마음 생겨
먼 추억 그리워 한다는 걸

젊은 시절 함께 자주 가던
용문산 계곡 그 산길 한 번
가 보고 싶어 한다는 걸

올망졸망 어린 네 아들 데려 가
피라미 잡고 놀다 소낙비 맞았던
그 계곡의 맑은 물길

새로 전철도 생겨
농막에서 3정거장밖에 안 되니
가 보고 싶어 하는 그 마음을

모과 효소

농장에서 따온 모과 서너 바구니
모과 술이나 또 담그려 하는데

모과 술 그만큼 담았으면 되었지
또 무슨 모과 술이냐는 아내 말에

처음 들어보는 모과 효소 담그는데
모과 썰어 넣고 쏟아 붓는 설탕가루

참 이상도하지! 어찌 내 눈엔
설탕가루가 담금 술로 보일까

제 항아리 빼앗긴 담금 술 심술 나
설마 내 눈 어지럽히는가

출장 간 두 아들

번갈아 가더니 이번에는 둘이 다
한꺼번에 출장가고 나니

불혹의 아들들인데도
들락거리던 집안 텅 빈 집 같네

친구들 중에는 자식들 멀리 떨어져 살아
1년에 한두 번 보기도 힘든다던데

4아들 중 독일 가 사는 셋째 말고는
세 아들 모두 가까이들 살고 있고

사무실도 한 건물에 각각 가지고 있어
매일 보며 지내는데도

며칠간 해외 출장 한꺼번에 간 두 아들
언제 올까 현관문만 쳐다보네

청국장

이른 아침 조간신문 읽고 있는데
마루에서 들려오는 콩콩 소리

마루로 나와 보니
손절구 통에 청국장 찧고 있는
아내의 상기된 얼굴
드디어 성공 했구나
온 마루 청국장 냄새로
가득 차 있으니

며칠 전엔 삶은 콩 전기담요에 싸서
신주 모시듯 해도 발효 안 된다고
대신 이모에게 전화로
여러 번이나 물어보더니
무슨 비법이라도 전수 받았을 것

갑자기 허기가 지네
보글보글 끓는 청국장 맛보려면
아직 한참 기다려야할 텐데

새우젓 호박찌개

아침 식탁에 올라온 새우젓 호박찌개
듬성듬성 잘려진 호박
아직도 보여주는 녹색무늬

도대체 언제부터 숨어 자라다
서리 맞아 넝쿨 풀죽은 다음 날에도
곯지 않고 내 눈에 띄었단 말이냐

덩치는 꽤나 크게 자랐으면서도
겉과 속 누렇게 늙지도 않고
애호박처럼 그리 싱그러웠더냐

푸르른 넝쿨 속에서 햇볕 보지 못해
세월 가는 것도 모르고 지냈더냐

어쨌든 고마운 호박아!
찬 서리까지 견뎌내고 이 아침
길러준 보은의 정 새우젓 찌개로 갚는구나

영지버섯 1개

책상 위 영지버섯 한 개
검은 얼굴에 아직도
감도는 붉은색

돌처럼 굳어가면서도
농막 도랑 건너 산자락
그리워하느냐

따서 건네주며
차나 끓여 마시라던
아들 손바닥만 한 영지버섯아

이렇게 마주 바라보니
겨우내 못 가본 농막
나도 너처럼 그리워지누나

철부지 장미 (1)

겨울문턱 들어선 찬바람
봄샘 추위 바람으로 알았느냐

대여섯 꽃 몽우리 맺히기에
햇살 밝은 마루 안으로 옮겼더니

생때 부릴 만도 했구나
활짝 핀 장미꽃 여섯 송이
이 아침 피우고야 말았구나

한여름 얼굴 다름없구나
한여름 향기와 다름없구나
한여름 입맞춤 다름없구나

철부지 장미 (2)

한겨울인지도 모르고
몽우리 맺히느라 애쓰다
고개 떨어뜨려 슬픔 주더니

눈 펑펑 내리는 이 아침
고개 떨어뜨린 채 피우고야만
장미꽃 한 송이

설마 향기까지야 하며
입맞추어주니 뿜어주는 향기
또 한 번 맡으려하니 그만 끝

장미야 철없는 장미야
그리도 향기 주고 싶었더냐 단 한 번
그리도 받고 싶었더냐 단 한 번 입맞춤

도심의 모과나무

모과나무 꼭대기
매달려있는 노란 모과 두 개
긴 사다리라도 있어야 따지
긴 장대라도 있어야 따지
나무에 오르려 해도 엄두 못 내고

감이라면 벌써 까치밥 되었으련만
못생긴데다 돌처럼 딱딱해
거들떠도 안보니 어쩌면 좋은가!
그냥 두자니 쳐다보는 사람
눈퉁이에 떨어지면

갈치조림

아침 식탁에 오른
웬 못 보던 빨간색
냄비 하나
웬 거냐고 아내에게 물으니
아침식사 때 드시라고
막내아들이 가져왔다고

뚜껑 열어보니
붉은 고춧가루 듬뿍 쓰고 있는
갈치조림 가득
아니 하필이면 오늘처럼
눈 많이 내려쌓인 미끄러운 길
어찌 가져왔나 걱정하면서

아직도 온기 남아있는
갈치조림 한 점 입에 넣어보고는
저절로 나오는 탄성
아 얼큰하군!
함께 살다 이사한 며느리라
역시 시아비 입맛은 잊지 않았군

부전자전父傳子傳

큰손자 대학 방학 중이라
베트남 출장 가는 아범 따라
함께 떠나는 걸 보니

40여 년간 젊어서부터
외국으로 돌아치며 살다시피 한
사업하던 나의 옛 시절 생각나네

아들 또한 부전자전
젊어서부터 외국으로 돌아치며
지금까지 애쓰고 있는데

혹시나 저 큰손자도 또
부전자전 제 아비 따라
같은 길 걷게 되는 건 아닐까

폭설暴雪

함박눈 저리내리니
저들 세상 만들 기세로
저리도 펑펑 내리니

어쩌나! 테라스 창밖
눈 막이 걸상 밑에서
종종거리는 저 참새들

나는 또 어쩌나!
동생 생일 모임에
떠날 시간 되었는데

까치 설날

온 식구들 까치 설날 모여
설날 아침 차례상 준비하는데
적막하던 집안 때 아닌 산새들이라도
몰려들었는가

뻐꾸기 꿩이며 꾀꼬리
산새들 모두 모여 지저귀네
우리집 까치 설날은
때 아닌 산새 소리 요란한 봄동산

일 년 열두 달이 다 명절날

남들 가족은 설 연휴 동안
밀물처럼 다들 모였다가
다음 명절 기약하며
아쉬운 작별하고
또 썰물처럼 헤어지는데

나의 네 아들네 집은
호루라기불면 모여들 거리
일 년 열두 달 다 명절날

뜨거운 두충차 한 잔

추운 날 외출했다가 돌아올 때
따끈한 차 한 잔 생각나

5층집으로 오르던 발길
4층 둘째아들 사무실로 들어서면

주전자에서 퐁퐁 김 내뿜어 올리며
끓고 있는 두충차

건네주는 따끈따끈한 찻잔 받아들면
문득 다가서는 농막 앞 두충나무

당에 좋다는 아버님 말씀 따라 심어 기른
농막 앞 그 두충나무

춘래불사춘春來不似春

밤부터 유리창
두드리는 빗소리 요란했기에
아침나절 아직도 비가 오나
창밖 내다보니
여전히 비는 내리고

저녁나절 이제는 그쳤겠지
창밖 내다보니
또 여전히 비는 내리고
봄이면 봄답게
보슬비나 촉촉이 내려
대지나 적셔줄 것이지

제주에는 60센티미터 폭우라니
강릉에는 30센티미터 폭설이라니
주말까지 한파도 계속된다니

옥수수 알갱이들

김 무럭무럭 나는
밥 한 그릇 받아놓고
한 술 뜨려는데
숟가락 위에 섞여있는
노란 옥수수 알갱이들

어찌 이리 윤기까지 흐르나
입에 넣어 씹으려니 눈앞에 떠오르는
농장 자두나무 앞에 줄지은 옥수수들

비바람에 쓰러질까
받침대 세워 묶어주느라
땀께나 흘린 지난 여름
그 고마움 알고
이 좋은 맛 보여주는
옥수수알갱이들

대보름달님에게

달님 떴다고 먼저 나가
소원 빌고 들어오면서
나가 보라 하여 테라스로 나오니

어느새 멀찌감치
불암산에서 치솟은 둥근 달님
내려다 보아 주시네

이리도 둥근 달님 얼마만인가
반겨주는 달님에게 합장 절하며
맑은 마음으로 기원 드리네

달님달님 정월 대보름달님
자식들 소원은 아내가 드렸을 테니
이 나라 평안케 해 주소서

부르는 소리

불그레 물들기 시작한
동쪽하늘 사이로
무슨 소리인가 들리더니

어느새 눈부신 햇살
유리창 환히 비추며
또 무슨 소리인가 들리더니

그제야 정신 차려 생각난
깜빡 잊었던 약속
아하! 매실나무들 부르는 소리였구나
어서 내려와 가지치기 해달라는

배낭의 투정

이제 봄도 되고 하니
배낭 꺼내 정리 좀 하려니
겨우내 뒷방구석에서
먼지 뒤집어쓰고 잠들었던
배낭도 잠깨어 투정 부리네

겨우내 코빼기도 보이지 않더니
이제야 아쉬워졌군요
또 부려먹으려고
또 술병부터 먼저 챙기는군요
씨앗들은 아내에게 맡겨
챙길 생각 않고

돌나물과 달래

꽃샘추위 영하의 날씨 품어 안고
계속 심술부리고 있지만
아무리 그래도
내 아내 억척에는 당할 수 없네

이 아침 테라스 텃밭에서
캐들고 들어서는
한 바구니 돌나물과 달래
함박웃음 띄운
아내 얼굴에는 이미
넘쳐 오르는 봄기운

옛날 자장면 맛보려다

병원 다녀오는 길
옛날 자장면 생각난다는 아내 말에

둘이 들어선 백화점 지하 1층
빙 둘러선 종합음식점들

와글와글 들끓는 손님들 틈새로 찾아낸
자장면 파는 칸막이

얼마쯤 기다리니 딩동댕 벨소리와 함께
전자판에 나타나는 우리 번호

쪼르르 달려가 들고 오는 아내 쟁반 위에는
자장면 두 그릇과 단무지 6조각

옛날 자장면 맛보러 갔다가 그 옛날
번갯불에 콩 구워 먹던 군대 맛민 볼 줄이야

모자

아내와 함께
모처럼 시장에 와서
모자를 사네

아내 모자는 보랏빛 바탕에
흰 동그라미 무늬
내 모자는 남색 하늘색 단색

모양과 색상은 다르지만 같은 건
밭일할 때 햇볕가리개 넓은 챙

동행同行

아내는 어제 농장에 내려가 감자 심고와
피곤할 텐데도
오늘 또 큰 며느리와 둘이서
남대문시장으로 갔네

아내는 그저께 산 모자 바꿀 겸
며느리는 새 모자 살 겸 함께 간 것이네
두 내외 사는 집이라 온종일
대화조차 뜸해 답답하던 아내

모처럼 다니러온 며느리와의 동행
얼마나 좋겠는가
딸 없는 아내 모처럼
며느리와 다니면서 즐거웠으면 좋겠네

오이 더듬이

창밖 화분 오이 더듬이 신통도 하지
매어준 줄 따라 기어오르며
온갖 재주 다 부려주네

한 잎사귀 균형 잡고나면
또 다른 더듬이 내밀어가며
손도 눈도 아닌 게

어찌 저리도 온종일 허공 더듬어
매어준 줄 돌돌 말아가며
잘도 기어오를까

헛꽃만 피우는 거 아랑곳 않고 오로지
자신의 소임 다 하는
저 신통방통 오이 더듬이

가뭄

가뭄에 타들어가는
농장 걱정만하고 다니면서
나 어찌 바로 내 집 창밖
타들어가는 화단과 텃밭
잊고 있었던가

비록 아주 자그마하지만
나에게는 한 식구처럼
소중한 생명들인데

연산홍 모란꽃 잎사귀들
시들어 다 축 늘어지고
머루와 포도 잎사귀들도
모두 생기 잃어가는구나

무슨 핑계 있을 수 있나
아주 미안한 마음으로
물주기 시작 하는 수밖엔

유리항아리 속 매실들 (1)

환히 들여다보이는 유리항아리 속
방금 따다 넣은 매실들
담금 소주에 잠겨
방울들 내뿜고 있네
방울방울 저 방울들
마지막 숨 거두는
매실들 숨 방울들이네

그 모진 비바람 태풍에도
그 극심한 가뭄에도 견뎌내고
몇 년 후 술 잘 익어 술잔 나누는 건
주인의 소관으로 남겨둔 채

이제 방금 제자리에 들어가 잠들어있는
유리항아리 속 매실들
얼마나 대견한 모습들인가
길러준 깊은 정 잊지 않고
매실주 남겨주고 떠나는 저 모습

유리항아리 속 매실들 (2)

오늘도 3항아리 속 담가 넣은
매실들 들여다보네
한 항아리에는
5월말 미리 굵은 걸로 골라 딴
때 이른 매실들

또 한 항아리에는
6월말 제철 맞아 딴 매실들
또 다른 항아리에는
털리고 남은 매실들 숨겨 길러
살구만큼 크고 노랗게 익은 매실들

이 3유리항아리 속 매실들
매실주로 변신하는 각각의 모습을
농막 오지독 대신 보여 준다네

황매실

산새들도
산비둘기 산까치들도
거들떠도 안 보네
산 벌레들도
다람쥐 청설모도
얼씬거리지 않네

뒷산 오르던 사람들도
살구인 줄 알고 깨물다가는
시어서 진저리치네

매실나무 밑에 떨어져
오직 기다리는 건
우리 두 내외 손길뿐
샘물에 씻어
농막 오지독에 넣어 설탕 속
잠재워주길 기다릴 뿐

토마토 두 그루

이른 봄 사다 심은
테라스 화단 한편 토마토 두 그루
사이좋게 지내라고
나란히 심어주었더니
자랄수록 치열한 자리다툼

이쪽 놈은 저 쪽 놈 햇볕 가리고
저쪽 놈은 이 쪽 놈 머리 휘어잡고
이거야 원 참!
보다 못해
잘 드는 가위 들고 나가서
못된 가지들 잘라버리긴 해도

또 며칠 안 되어 나가보면
또 그 모양 그 꼴의 난장판
놈들 심보 어찌 이리 고약할까

옥상의 단호박 3개

아내가 창밖 바로 밑에 심어준
단호박 1모종
옥상에서 내려 매어준 줄 따라
하루가 다르게 자라 오르며
창문을 녹음으로 덮어주고

노란 호박꽃도 이따금 벌 나비도
분명 보여주었지만
처서 절기 오늘까지도
애호박 달린 것조차 한 번도
보여주지 않아

웬일인가 궁금하여
모처럼 옥상으로 올라와 살펴보니
옥상 바닥에 닿을락 말락
대롱대롱 매달려있는
잘 익은 단호박 3개
아하! 호박도 제 새끼들 이곳에서
숨겨 기르고 있었구나

나무들과의 석별惜別

목련나무 두 그루
모과나무 한 그루
벚나무 한 그루
이젠 이별이다 잘들 가거라
내일이면 너희들은 베어질 운명
한 식구로 지낸 세월 하도 길어
그간 깊이든 정 하도 아쉬워
농장으로 옮겨 살려주려 했으나
나이 많이 든 너희들
옮겨줘야 살 수 없다하니 난들 어쩌겠느냐
그러니 사랑했던 나무들아
주어진 운명 받아들이고
새로 짓는 두 건물 축복해다오

목련꽃이여, 학춤 보듯 신비로웠다
모과꽃이여 묻어준 복술이 눈처럼 고왔다
벚꽃이여 아내와의 언정 추억 불러수었다
잘들 가거라 이별의 술잔 부어주며 슬픔 참는다
각인된 너희들과의 추억 내 어이 잊으랴

분홍 새 한 마리

이 아침 창밖 내다보고 있을 때
눈에 들어오는 분홍 새 한 마리

처음 보는 참새보다 두 배는 더 큰 분홍 새
테라스 담에서 베란다 안 들여다보더니

겁도 없이 날아들어
함지박 물도 마시고 보리쌀도 쪼아 먹고
어디로인가 날아가 버렸네

웬 새일까 아내 말마따나
며칠 전 돌아가신 큰어머님 새가 되어
조카네 집 들렸다 가신 걸까

건축현장建築現場

하루에도 몇 번이고 테라스로 나가
진행 되고 있는 건축현장 내려다보네

이웃에게서 사랑과 미움 함께 받던
목련 두 그루와 모과 벚나무들은
이미 베어져 없어진지 오래고
구석에 있던 컨테이너도
파로호 아들네 농장으로 옮겨가
낚시 오라 유혹하고 있다네

오늘까지는 지하관리실
엘리베이터와 계단들의
기초 작업 거의 마무리되어 가고
모레부터는 지상 건설작업 시작된다고
건설 주관하는 큰아들이 일러 주었네

하루에 몇 번이고 내려다 볼 때미다
늦게나마 찾아준
흐뭇한 결실에 가슴 뿌듯하다네

알밤의 계절

저 참새들 우리 내외 농막 내려가
알밤 주워오기 시작한 것 어이 알고

이 5층 테라스 담장 위 쪼르르 앉아
맛좋은 먹이 뿌려 달라 짹짹거리나

칼로 까내는 알밤들과 밤벌레
반은 저들 몫이란 걸 알고 있는
저 똑똑한 참새들

황금호박 (1)

고희도 중반으로 올라가는 두 내외
늙은 호박 하나
손수레로 끌고 오며 싱글벙글

난생 처음 키워 본
큰 호박 대견해 함박 웃음

세상 부러운 게 무엇인가
뿌린 씨앗 한 알로
황금호박 얻었는데

황금호박 (2)

농장에서 손수레로 끌고 온 황금호박
책상 옆 탁상 위 올려주고
조간신문 읽으면서도
대견스러워 쓰다듬어주고
외출하고 돌아와서도
신통하기도 해 어루만져주면서

도대체 그 무성한 호박넝쿨 속에서
어찌 숨어 지냈기에
갈 때마다 애호박 찾는
내 아내 눈에 띄지 않고
늙은 호박 됐느냐 물으니

애초 태어날 때부터
씨앗 남길 운명 황금빛 등골에
지고 왔다 알려 주네

겨울 준비

갑자기 뚝 떨어진 기온에
내복 생각 나 꺼내 입고 나니
창밖 화분 화초들도
추위에 떨고 있을 생각 나 내다보니

가지런히 놓여 진 화초들도
창안 들여다보며 추워서
잔뜩 움츠리고 아우성
어서 빨리 들여놓아 달라고
혼자만 겨울 준비하고
우린 밖에 내버려 둘 거냐고

산아 불암산아

산아 불암산아
네 어깨 너머 내 고향 하늘에서
새벽마다 붉은 해 떠올려주던 불암산아

산아 불암산아
네 머리 위 높이 고향 하늘 구름 띄워
추억의 어린 시절 불러주던 불암산아

어쩌면 좋단 말이냐
얼마 후면 세워질 앞 건물 창문 가려
마주볼 수 없게 되었으니

화수분

테라스 밖으로 나가
내려다보던 공사 현장 이제는
내 방 의자에 앉아서도 볼 수 있네

오늘 5층 바닥 콘크리트 끝내고
며칠 후 5층 벽까지 오르면
내 창문 가려질 것이네

아파트 사이로나마 보이던 불암산도
새벽마다 떠오르던 붉은 해도
가려버릴 것이네

하지만 어쩌겠는가
그간 오랜 세월 마주한 행복으로
만족해야지

더욱이 올라오는 저 신축 건물이
내 자식들과 손주들에게
화수분 되어 줄 터이니

한치 앞 못 보는 건

때 아닌 달래들 초록밭 만들었네
달래 세상 만들었네

입동 지난지도 모르고 이상 고온에 속아
테라스 화단에도 조그만 텃밭에도

한치 앞 못 보는 건 우리네와 다름없네
내일이라도 강추위 닥칠 텐데 어쩌려고

책상 위 모과 한 개 (1)

부모님 산소 옆
덤불 속 숨어있던
모과 한 개

조간신문 읽는 걸
텔레비전 보는 걸
책을 읽는 걸

책상 위에서
지켜보고 있다가
눈이라도 마주치면

노란 빛깔의 향기로
어머님 얼굴 불러주네
아버님 얼굴 불러주네

책상 위 모과 한 개 (2)

책상 위
노란 모과 한 개
생긴 건 울퉁불퉁
못도 생겼지만

나에게만은 그래도
그 속마음은 천하일색
그 어느 꽃향기인들
흉내인들 낼 수 있을까

저 은은하고 고결한
저 모과 향기
더구나 내가 심어 길러
미운 정 고운 정 다 들었거늘

책상 위 모과 한 개 (3)

책상 위 모과 한 개
겨우내 향기 뿜어주고
이제 온몸 시커멓게 변하여
떠나려하는구나

오로지 자신만의 향기 주려
온몸을 열꽃으로 태워
다른 냄새란 얼씬도 못하게 하고
눈물겹게도 꼭지 부분 남은 노란 살점 보이며
마지막 향기까지 보내주고 있구나

겉만 보고 그 누가
너를 과일 중 제일 못났다 했는가
아름다운 자비의 여왕인 너를

함박눈의 심술

함박눈 펑펑 내리더니
금세 그쳤네

외벽 철조물 공사하던 일꾼들
미끄럽다고 철수해 버렸네

내리려면 일 끝내고 내리지
왜 심술만 부리고 갔느냐

발견한 두 눈 주시어

저녁 운동 끝내고 마루에서
건너편 옥상 건설 현장 건너다보지 않았다면
어쩔 뻔 했나
강추위에서 일들 하다 남긴 불씨 살아나
활활 타오르는 걸 건너다보지 않았다면
어쩔 뻔 했나

황급히 아내 불러 함께
아래층 계단 뛰어 내려가 사람들 불러
현장으로 올라가 불 못 껐으면
어쩔 뻔 했나
석 달 동안 공사해 온 저 두 건물 말고도
살고 있는 이 5층 건물 하며 이웃까지
어쩔 뻔 했나 어쩔 뻔 했나

생각만 해도 무섭고 끔직한 일
아 하나님 부처님! 재앙의 불씨 미리 발견한
두 눈 주시여 감사하옵나이다

반값 세일

영하 12도에 바람마저 불어 체감 온도 15도
이 추운 날 새벽

마스크도 쓰고 모자도 쓰고
두꺼운 외투도 입었으니 걱정 말라며

구태여 전철 한 정거장 거리의
마트로 떠나는 아내

반값 세일이라는 게
남편말보다도 더 소중하다는 말인가

힘들여 가서 줄서 기다리다가
바로 앞에서 끊어지면 허탕 칠 텐데

먼 훗날까지

드디어 무지개 건물
옷 입기 시작했네

옷 색깔은 비둘기 색 바탕에
밤색과 회색의 점박이라네

저 예쁜 옷 다 입히는데
보름이나 걸린다 하니
나 또한 보름간 지켜보려하네

먼 훗날 아주 먼 훗날까지
무지개 꿈 이어가 주기 바라는
축원도 잊지 않으려네

이 엄동설한에
벽에 매달려 생명 줄 이어가는
저 일꾼들의 노고 또한 잊지 않으리

미나리

미나리가 내 가슴에
앞당겨 안겨주었네
봄의 향기를

부엌 창가 쟁반물 속에
아내가 담가 놓은
한 묶음의 미나리 뿌리

몸체는 이미 다 내어주고
북향 창가라 햇볕도
풍족하지 못한데도

삐쭉삐쭉 새싹 내밀더니
설 연휴로 못 본 사이에
소복이 자라 봄 물결 이루었네

농막 뒷산자락
산미나리 향기까지 불러
한겨울 차가운 가슴 녹여주네

생일에 함박눈이

생일이라고
세 아들네 식구들 몰려와
음식들 장만 하느라 떠들썩한데

창밖에 눈이 내리네
폭설주의보 내리더니
함박눈 펑펑 내리네

생일에 저리도 함박눈 펑펑 내리니
반가운 소식이라도 있으려나하니

전화가 왔네 먼 나라 가 살고 있는
셋째아들네 식구로부터의 축하 전화

하지만 또 걱정이 되네
저리도 눈이 내려쌓이니
오고 있을 형제들 미끄러질까

한파寒波

재작년 겨울 추위에
감나무 7그루 다 죽었다가
작년 여름 겨우 다시 살아났는데

오늘 기온
55년 만에 가장 추운
2월 한파라 하니

어이하나!
살아났던 감나무들
또 다시 죽었다 살아나야 하나

짚으로 싸준다 하고
게을러 못해 준 나를
농장 감나무들 얼마나 원망할까

봄은 어디 숨어 있는가

입춘도 그제로 지났는데
봄은 어디에 와 있단 말인가

창밖은 아직도 한겨울
지붕과 테라스 텃밭에도
저리도 흰 눈 쌓여있는데

거리 행인들도
저처럼 추워서 자라목 되어
움츠리고 종종걸음 치는데

정녕 오기는 와서
어디서인가 숨어서 엿보다
튀어나오기라도 하려는가

결혼식장 가는 길

55년만의 2월 한파라는 날인데다가
거리의 눈까지 얼어붙어

목도리 모자 장갑에다
긴 오버코트까지 여며 입고
결혼식장 가는데

넘어질까 서로의 팔 꼭잡아주고
조심조심 걸음 옮기는
우리 두 내외보고

지나는 행인들 뭐라 할까
정답다 할까 아니면 이런 날
집에나 있지 꼴불견이라 할까

사돈지정査頓之情

큼지막한 낯선 뚝배기
뚜껑 열어보니 추어탕 가득
웬 추어탕이냐 물어보니
둘째아들 장모님이
손수 끓여 보냈다고

그제 그분 아드님 결혼식에
그 추운데도 다녀가서
하도 고마워 끓여 보냈다고
며느리 넷이나 되는데도
추어탕 선물 받아보기는
처음 있는 일

한입 두입 드는 추어탕
어찌 이리도 맛좋을까
사돈지정 맛이란 이런 것인가

아내의 생일날

낮에는 나이 많은
시집 형제들 치다꺼리로
정신없이 바쁘더니만

저녁에야 친정 형제들 몰려오니
나이 값 받는 아내

생일상 한가운데 앉아
아들 딸 며느리 빵 둘러서서
생일 축가 불러주네

일 년 열두 달
아내 함박웃음 오늘만 같으라고
빌어주는 남편의 속마음

욕심쟁이

글로벌 시대라는 요즘 세상에
나 같은 욕심쟁이 또 있을까

아들 넷 중 하나는 외국에 가 살고 있지만
아들 셋은 호루라기 불면 달려올
가까운 곳에 살고 있어

하루에도 몇 번씩 오르내리며
얼굴 맞대며 이야기들 나누는데도

어쩌다 아들들 해외 출장들이라도 떠나면
언제나 올까 현관문만 쳐다보며 기다리고

그 옛날 해외 출장 때마다
어린 아들들에게 사다주던 장난감 생각만하고
혹시나 좋은 술 안 사오나 김칫국부터 마시고

함박꽃

오늘 아침 함박꽃 피었네
3색 겹겹 함박꽃 피었네

맨 위는 꽃술 싼 연분홍꽃잎 둘레
맨 아래는 진분홍꽃잎 둘레
가운데는 노란꽃잎 둘레

세상에 이런 곱디고운 꽃
또 어디 있을까

예쁜 송이마다 행여 다칠라
살며시 어루만져주며
뽀뽀도 해주네

창문으로 내다보는 아내도
얼마나 예쁘면 저럴까
고개를 끄떡여주네

기다리는 마음

저녁 들면서
마주앉은 아내
거여거여 오겠다 하기에

무슨 뜻이냐 물어보니
출장 간 두 아들 거의 거의
올 때 되었다는 말이라고

아니 한밤중에나
인천공항에 도착한다는데
거여거여라니!

호박꽃 한 송이

호박잎 새싹 돋아
호박잎 보여주는 것만 해도 과분한데

오늘 아침
호박꽃 한 송이까지 피어주었네

저 조그만 화분에서
한 송이 꽃피우느라
밤낮으로 얼마나 애썼겠는가

혹시나 애호박이라도 하는 욕심
마음 한구석 들어서는 걸
머리 흔들어 지워버리네

어린 시절 고향 돌담 추억까지 불러주어
꽃만 해도 대견하기만한데

심통

5층 테라스
조그만 텃밭에 물 주면서
심통 부리네

네놈들은 좋겠구나
이 가뭄에 수돗물이라도
이렇게 조석으로 받아 마시니

물 좋은 시골 농장 부러워하더니
이젠 시골 농장 네놈들 부러워하며
이 가뭄에 목말라 타들어가니

물 주고 있는 내 맘
네놈들에게 주고 있는 게 아니라
저 시골 농장에게 주는 거란다

빗방울

테라스 밖에서
비와요! 소리치는
아내 목소리에 놀라
하던 일 내던지고 나가
구름 낀 하늘로 얼굴 쳐들었으나
빗방울은커녕 바람만 불어

하도 애타게 비 기다리는 남편
놀려주려 그랬구나하고
아내를 쳐다보려는 순간
손등에 떨어지는 비 한 방울 촉감
뒤이어 눈과 콧등에 떨어지는
상쾌한 빗방울들
아! 살았구나
타들어가던 농장 이제 살았구나

기다리고 기다리던 비

기다리고 기다리던 비
어제 흠뻑 내렸으니
내려가 봐야지

타들어가던 밭작물들과 과수들
어찌 되었나 궁금하니
내려가 봐야지

모두들 단비 맞고
진초록 되찾으며
춤이라도 추고 있을까

백 년만의 가뭄 그나마 멈추고
자비의 문 열어주신 하늘에
감사드리며 춤추고 있을까

내려가 봐야지
농막 뒤 산골 물소리 다시 들리겠지
지하수도 다시 펑펑 솟구치겠지

도심의 첫 매미소리

아내와 동생 생일에 가느라
집앞 번잡한 4거리 건너서자
갑자기 목청 돋아 울기 시작하는
가로수 잎 속 매미 한 마리

가던 걸음 멈추고 어디 숨어 우나
이리 기웃 저리 기웃거리다
결국 찾지 못하고
오랜만에 동심으로 돌아가
밝은 웃음 나누는 두 내외

복사

새벽부터 어제 따온 복숭아
씻어주고 있네
꽃피고 열매 맺어 자라온 동안
비바람 못 씻어 내린 먼지 때
씻어주고 있네

씻어주면 줄수록
후질 구레 생기 없던 얼굴들
어쩌면 이리도 예뻐지는가
초록색 빨간색 노란색
숨겼던 얼굴 본색 나타내네
숨겼던 산골 처녀 얼굴들이네

이제 이 복숭아들 다 씻고 나면
자식들에게 나누어줄 일은
아내의 몫이라네

찜통 더위

나만 찜통 더위에
눕지도 서지도 못 하는 줄 알았는데
창밖 테라스 저 고추들
아침나절까지도 푸르더니
하나둘 빨갛게 익어가네

구름 한 점 없는
저 땡볕에서 얼마나 뜨거우면
저리 빨갛게 익어버릴까

참새 가슴

도대체 참새들 가슴
얼마나 작고 작기에
정이란 눈곱만치도 없을까

지난날 어머님 하신대로
테라스 화단에 낟알들 뿌려주면
잘도 쪼아 먹으면서도

저 테라스 담에서
저들끼리 번갈아 망 보아주며
경계 늦추지 않는 참새들

창문 여는 시늉만 해도
어찌 알아채고 잽싸게
날아 도망쳐버리니

어머님 생각해 정을 주면
저들도 눈곱만치의 믿음은
주어야 하거늘!

나방

한두 마리면 몰라도
수백 마리나 되는 무리가
베란다에 들어와 살고 있었다니!
농장 다니느라 집을 자주 비우니
빈집으로 알았더냐

그래도 처음에는 며칠간
베란다 문들 다 열어 젖치고
가까운 산으로 가 살라 쫓았지만
놈들은 비웃기라도 하듯
번식에 번식을 더 해가
일말의 자비심까지 잃게 하다니

살충제로 저승으로 보낸 나방들아!
얼마나 나를 원망하겠냐만
이젠 예쁜 꽃나비로 태어나거라

이젠 꿈속까지 따라와

한밤중 잠 깨어 머리맡 탁상에 두고 잠든
썬글라스 찾고 있네
어제 농장에 내려가 또 잊고 왔구나
어디다 잊어버리고 왔나
들깨 베어 널어놓고 쉬다 두고 왔나
뒷산에 올라 알밤 줍다 놓고 왔나
감 딸 때 가지에 걸어놓고 왔나

하도 자주 잊어버려
에이! 또 하나 사야하겠구나
잠 청하려다 머리맡 서랍 생각 나
혹시나 하고 열어보니 이게 웬일!
찾던 썬글라스 그 속에서
낄낄 웃고 있다니!
농장에 내려가면 하도 잘 잊어버리니
요놈의 썬글라스 이젠 꿈속까지 따라와
데리고 노나

화분 속 빨간 꽈리

빨간 고추잠자리 데려와 놀던
창밖 테라스 화분 속 빨간 꽈리
외출했다 돌아와 내다보니 없어져
놀라 찾았더니

그림 그린다기에 주었다는
아내의 말에
아래층 미술 학원 들어가 보니
초롱초롱 시선들 흠뻑 받으며
여왕처럼 호사 받고 있는
화분 속 빨간 꽈리

감 말랭이

아들이 사다준
조그마한 4단 전기건조기
저리도 좋은가
사다 줄 테면
한여름 고추말릴 때 사주지
고생 끝낸 늦가을 사줄게 뭐람!
원망스럽기도 하련만
어찌 저리 마냥 좋아
건조대 옆에서 낮잠까지 들었나

농장 연못가 감나무
너무 많이 열려 걱정하면서
꼭두새벽부터 감 껍질 벗겨 썰더니
감 말랭이 만든다고
건조기에 잔뜩 집어넣고
곁에서 낮잠까지 들다니
감 말랭이 만들이
모래 온다는 독일 사는 손주들 갈 때
가득 채워줄 꿈꾸고 있겠군

청록색 무청 커튼

베란다 유리창에
청록색 무청 커튼 드리웠네

반달 목걸이로
앞가슴 가리고 춤추는
십여 명의 열대 무희들

여름내 자란
농막 뒷산자락에서
물소리 바람소리까지 데려오네

이제 가을건이 끝냈으니
저 청록색 무청 커튼 사이로
펑펑 내리는 눈이나 기다리겠네

달덩이 호박

안마의자 옆 탁자 위에서
내 손길 눈길 아낌 받던 호박

외출했다 돌아오니
온데간데없이 사라져
서운한 마음으로 창밖 내다보니
달덩이 호박 쪼개져
햇볕 쬐고 있네

호박 옆에는 한 종지 호박씨
내년 봄에도 농장에 심어 달라
눈짓 보내주네

그래 참 잘생겼던 호박아!
내년에도 사랑받을 달덩이호박
꼭 보게 해 주렴

까치와 위내시경

위내시경 받으러가는 아침
이웃마을 공원 소나무 꼭대기에서
두 마리 까치 내려다보며 깍깍거리네

코앞 병원인데 마누라는 왜 데려가고
술 좀 작작하라면 콧방귀나 뀌더니
꼴좋다고 깍깍거리네

이웃사촌이라고 오냐오냐 해주었더니
이젠 머리꼭대기까지 기어올라
날개까지 퍼덕거리며 빈정거리네

동태찌개

큰며느리 들고 온
큰 냄비 뚜껑 열어보니
아직 따끈따끈한 김
모락모락 피우고 있는 동태찌개

얼큰한 국물 보니
술 한 잔 생각나 입맛 다시며
웬 동태찌개냐 물어보니

먹다보니 맛이 좋다며
아범이 갖다 드리라 해서
한 냄비 더 끓여 왔다하네

한집 건너 살다보니
역시 좋기는 좋구나 하면서도
기왕이면 소주 한 병도 사오지

마리아 석고상

아주 오래전 어느 크리스마스 전날
자그마한 마리아 석고상 하나 사들고
그 여학생 학교 교문에서 기다렸지요

기다리던 그 여학생 보이자 뛰어가
크리스마스 선물이라고 건네주었지만
거절하고 눈발 속으로 멀어져갔지요

그로부터 반백 년도 넘은 오늘 크리스마스
마주앉아 따스한 미소 주는 당신 누군가요
그때 그 여학생 어디로 가고 할머닌가요

창밖의 강추위

창밖 장독 위
소복이 쌓인 하얀 눈

녹여주려던 햇살도
얼어붙은 눈에 파랗게 질리고

참새 한 마리 눈 위 앉으려다
소스라쳐 날아가네

위로 인사

집으로 돌아가는 길
이 강추위에 그 교회 앞
조그만 연못물 다 얼었을 텐데

그 물고기들 살아서
오늘도 위로 인사
받을 수 있을까

귀여운 놈들 생각하며
약봉지 들고 눈으로 얼어붙은 길
엉금엉금 걸어와 들여다보니

아하! 이 추운 날에도
연못 속 모래무지 피라미들
줄지어 사열하며 인사들 하네

주홍 비단붕어 한 쌍은
고드름 뒤덮인 덮개 속에서
두 눈들 내놓고 인사들 하네

발이라도 먼저 봄맞이 하라고

이 추운 날
슬리퍼를 고르네

따뜻한 털 달린
슬리퍼를 고르네

빨강 노랑
검정 초록색

초록색 슬리퍼 집어 들었네
발이라도 봄맞이 먼저 하라고

달래야

달래야
경칩일이란 걸 어이 알고
삐쭉삐쭉 얼굴 내밀어

이 아침나절
아내 눈에 들켜 들려와
봄맛 미리 당겨주느냐

참새 가족

오랜 세월 지났는데도
잊지 않고 찾아주는 참새 가족
어머님 돌아가시고 난 후부터
아내가 먹이를 주어 온 지도
어느새 15년이라는 세월

이 도심 속 5층 테라스 밖
이 조그만 화단과 텃밭을
거르지 않고 찾아주는 참새 가족

참새들아 너희들 생긴 얼굴들 다 똑같아
누가 새 얼굴들인지는 몰라도
오늘도 대를 이어 찾아와
이 추운 겨울도 잘도 참고 견디며
한 가족 정 쪼아대고 있구나

명태

이 아침
창밖 베란다 벽에 걸려있는
명태 5마리
어느 바다에서 노닐다 왔느냐
동해바다냐
북태평양이냐

하필이면 코까지 꾀어 걸려있어
가슴 아프지만
어쩌겠느냐
내일 저녁 우리 아버님
제상에 오를 운명인 것을

제2부

새내기 농사꾼 저 노인

새내기 농사꾼 저 노인

낫 들고 수수이삭 자르려
뒷산자락 수수밭에 이르니

고개 숙여 인사하는 이삭 없이
모두들 빈 쭉정이로 꼿꼿하게 서있네

심어놓고 풀 한번 뽑아주지 않고 이제야
뭣 하러 왔느냐 외면하고 서있네

돌보지 못해 미안하다 중얼거리며
빈손으로 내려오는 새내기 농사꾼
저 노인

낙엽 (1)

낙엽 쓸어 모으네
봄부터 함께 쌓은 정
쓸어 모으네

늦가을 바람
둘러싼 나무들 낙엽
농막 앞마당 덮어놓았네

농막도 알고 있다네
낙엽 쓸어 모으는
아쉬운 이 마음

이 낙엽 쓸고 떠나면
봄까지는 보고 싶어도
서로 볼 수 없다는 걸

낙엽 (2)

새벽 전철 타고 내려와
온종일 낙엽 긁어모으며
꽃샘추위 견뎌내고 있소

농막 지붕 덮은 산자락 나무들
마당가 목련나무와 은행나무들
농막 입구 논둑 따라 단풍나무들

겨우내 비어 두었던
농막 마당과 길이며 도랑들
온통 낙엽으로 덮어버렸으니

아직은 춥고 힘들지만 어쩌겠소
마땅히 내가 할 일 내가 하는데
마음만은 이리 즐겁고 편안한데

나는 알고 있다오
낙엽들도 갈아놓은 밭고랑으로
옮겨주기 원한다는 걸

버선 3켤레 선물

우리 내외 산자락 농막 오르내릴 때면
논이나 밭에서 일하다가도
손 흔들어 인사 보내는 노부부
오늘은 농막 오르기 전 그 집에 들러
내어주는 따끈한 찐 고구마 들며
내 아내는 들고 온 버선 3켤레 선물주네

추운 겨울에는 양말보다도
버선이 더 따뜻하다고 아내가 말해주니
아니 웬 버선이람!
시집올 때 생각나게
또 시집이나 갈까 하며

주고받는 두 동갑내기 너스레
주고받는 두 할망구 함박 웃음
얕보았던 저 버선 저리도 기쁜 선물인가

어렴히 때 되면 와줄 봄이련만

이 추운 날 새벽
꽁꽁 얼어붙은 창밖 내다보며
또 청승떨고 있군요

아직 먼동도 트기 전
불암산 너머 하늘 아래 산자락 밑
눈 덮고 있을 농장 생각하는군요

해가 갈수록
힘겨워지는 농사일
아직은 밉지 않은가요

이른 봄부터 늦가을까지 내려가
그만치 일했으면 이 한겨울에는
그까짓 농장 잊을 만도 한데

어련히 때 되면 와줄 봄이련만
이 추운 날 창밖 내다보며
또 청승떨고 있군요

헛개나무 (1)

식목일 날 묘목시장에 갔다가
술 좋아하는 사람들
몸에 좋다는 말 듣고

얼떨결에 사온 헛개나무 7그루
농장 이곳저곳 심으면서
혼자 중얼거리길

저녁반주 한 잔도 줄어가는 기력에
웬 놈의 헛개나무
7그루나 샀담!

헛개나무 (2)

작년 봄 묘목 사다 심어 주고는
풀숲 가려 잊고 있었던 헛개나무들
심었던 기억 더듬어
도랑가와 밭둑 찾아
풀숲 헤쳐 보니

6그루 중 4그루만 살아남아
그래도 달아준 붉은 리본 맨 채로
숨 막혀 기진맥진
미안한 마음으로
주변 풀 다 베어주고
막대로 울타리까지 쳐주면서

혼자 중얼거리기를
놈들 커서 듣던 대로
술 좋아하는 이 몸에 약 되어 줄까

수수 씨앗

수수빗자루처럼 겨우내
농막 창고 벽에 매달려있는
수수 묶음 하나
일 년 수수 농사 저 꼴이니 중얼대며
돌아서려는데 등 뒤에서
투덜대는 소리
작년 봄 심어줄 땐
그리도 요란했던 당신은
해 준 게 무엇인가요

솎아 주길 했나요
잡초 한 번 뽑아주길 했나요
그 흔한 퇴비 한줌이라도 줘봤는가요
양심 가책 받은 나
얼른 되돌아 수수 묶음 걷어 나오며
말해주네
수수야 미안하구나
내 이제 너를 털어 종자 씨로 심어
금년 한 번 정성 쏟아주마

뻐꾸기 소리

한창 바쁘게 강낭콩 밭 일구고 있는데
웬 뻐꾸기 우는 소리!
뻐꾸기 벌써 왔나 뒷산 둘러보다가

아하! 허리에 차고 있는 핸드폰 속
뻐꾸기 소리로구나
뻐꾸기 소리처럼 반가운 누님의 전화

오늘 한식날이라 산소에 갔구나
나도 가고 싶은데 하는 말에
부모님 산소는 그저께 다녀오고
여기는 농장 강낭콩 밭 일구고 있어요

다리 수술로 꼼짝 못하고 있는 누님
오늘 한식날 부모님 생각 꽤나 나시겠지

고라니와 농부

아직 놈들
감자는 먹은 적 없으니
이 두둑에는 감자를 심어볼까
아직 놈들
강낭콩도 해친 적 없으니
이 두둑에는 강낭콩이나 심어보자

나머지 이 두둑에는
무얼 심을까
생강이나 토란을 심기로 하자
놈들 맛보다
아리고 매워서 진저리치며
도망이라도 치게

하지만 문제는
해마다 바뀌는 놈들의 식성
이젠 안 먹던 배추까지 먹어치우니

안경의 심술

잃었던 안경
엉뚱한 곳에서 찾았네

어제 내려와 일하다 쉬던
연못가와 자두나무 그늘이 아니라
간 기억이 전연 안 나는
오이 넝쿨 밑에서
내 눈에 뜨인 걸세

함께한 세월
반백 년 넘는 안경이기에
오늘 또 내려와 결국 찾았는데
어찌하여 엉뚱한 오이 넝쿨 밑에 숨어
기다리고 있었던 걸까

안경 찾는 김에 오늘 또 내려와
못 일구어준 오이 밭 끝내라
숨어 기다린 걸까

꽃잎 날리네

꽃잎 날리네
꽃잎들 이별 잔치 벌렸네

떨어지면서도
어쩌면 저리도 눈부실까

이별하면서도
어쩌면 저리도 의연할까

날리는 꽃잎 보며
부러워하는 저 노인

당연한 포상

이 외딴
산기슭 농막에도
번지수가 들어서고

빨간 우편함까지
농막 통나무 한편에
걸리게 되다니

남루의 이 농막도
오래 살다보니
호사 겯쳤구나

엊그제 같은데 벌써 15년
우리 내외 농사 그늘막 노릇
당연한 포상 아니겠나

뽕나무

아내와 함께 뒷밭으로
뽕나무 찾아갔네

잡목과 넝쿨 속 갇힌 뽕나무
숨도 못 쉬고 있었네

들고 간 낫으로 사정없이 휘둘러
뽕나무 구해주었네

역경에서도 다닥다닥 매달고 있는
푸른 새끼 오디들

한 보름 지나면 굵고 검게 자라나
우리 내외 반겨줄 걸세

오이 섶

자두나무 앞
오이 섶 하나로도
두 내외에겐 충분한데

자식들 나눠 줄 생각에
또 어디서 구해 아내 손에
들려온 오이 모종들

제법 잘도 자라난 모종들
금세라도 더듬이
휘저을 것 같아

얼른 연못가 땅 뒤집어 심고
또 다른 오이 섶 만드는
부부일심동체

벌 두 마리

노란 오이꽃 피고 열매 맺혀
늘어진 오이 섶 줄
조여 주는데

꽃 속에 숨어있던 벌 두 마리
왜 내 꽃 건들이냐 총알처럼
덤벼들어

순간 떠오르는
벌에 쐬어 벌겋게 부어오른
김 노인 오른뺨 생각나

얼른 주저앉았는데
고마워라! 밀짚모자 넓은 챙
내려 쐐는 벌침 막아줬으니

우울한 농막의 대화

아랫마을 김 노인
괭이자루 지팡이 삼아
농막으로 올라와

가뭄에 큰일 났어요
풀들도 타죽어요 말하며
말라가는 논물 내려다보는데

마늘 캐러 다녀오던
언덕 너머 장 씨 내외도
가뭄에 마늘 농사 망쳤다하네

나 또한 밤새 고라니 내려와
콩 순 다 따먹었다 말하려다
말문 닫았네
모처럼 한가로운 시간

태풍 메아리가

밤새 할퀴고 간
테라스 화분 고추들 보고
부랴부랴 새벽 전철 타고 농장 내려와
고추밭 둘러보니

이게 웬일!
시골 태풍은 어찌
이리도 얌전히 지나갔는가
온종일 고추밭에 매달릴 줄 알았건만
태풍이 얌전히 지나가 주었으니

모처럼 얻은 한가로운 시간
굵은 매실들이나 딸까
복사들이나 솎아줄까

녹두전

오늘도
장맛비 그칠 기미
보이지 않네

감자 캐고 나서
그 밭에 바로
녹두 심어야하는데

비 그치기 기다려도
장마 이름값 한답시고
며칠째 그칠 줄 모르니

때 놓쳐 못 심으면
부모님 제사상 녹두전
어이하나

자두 배 채우고 있는 노인

아내와 함께라도 왔으면
아랫마을 김 노인이라도
올라왔으면

산기슭 외딴곳이라
아무도 올라올 분 없으니
어쩌나 이 농익은 자두들

배낭에 지고
서울 집 가면 가는 동안
다 물러 터질 텐데

하는 수 없이 도랑가에 앉아
자두 배 채우고 있는
저 외로운 노인

철늦은 매실

금년 하도 바빠
따는 둥 마는 둥
제철 넘겨버렸더니

벌주는 거냐
상주는 거냐
살구보다 더 크게 키워

배낭 메고 가기 버겁게 하고
여름내 내가 좋아하는 신맛
냉장고에 넣고 즐기게 해주니

더 이상 고구마 미련 버리기로 했네

멧돼지들 또 뒷산에서 내려와
고구마 밭 헤집고 다녔네

3일전 내려와 이미 다 뒤집고 가서
왜 또 나타나 횡포 부렸나

몽땅 뒤엎어도 여물지 않아
먹어볼 고구마 없어
분 안 풀려 또 내려왔나

아니면 범죄자들
현장에 꼭 나타난다더니
놈들도 그래서인가

뒤집혀진 뿌리라도 다시 심어보려
새벽 전철 타고 내려온 우리 내외
더 이상 고구마 미련 버리기로 했네

매실나무의 여유로움

발그레 꽃 몽우리로
일찌감치도 봄소식 알려주어
가슴 설레게 해주더니

초록색 열매로
가지마다 버거워하며
술항아리 채우라 재촉하더니

잎사귀에 숨겨 기르던
살구만한 노란 매실들로
바구니 채우는 재미도 주더니

매실나무야
이제야 네 할 일 마무리하고
하늘 향해 너무나 여유롭구나

역경을 견뎌낸 복사나무

그 어려운
역경 이겨내고
연못 속 비추어주는 복사 3개

어떻게 따주나
꼭 따줘야겠는데
연못에 들어가야 딸 수 있으니

지난해 태풍에 쓰러져
연못물에 달락 말락 누워서도
저리 탐스러운 복사 열려주다니

미안하구나
이미 저 세상 간 줄 알고
꽃 피는 것도 봐주지 못 했구나

극락

고추에 탄저병 들어
농약 주어야 하겠기에
한통은 너무 버거워
반통을 지는데도
못 일어나고 버둥대는 꼴보고

하던 일 멈춘 아내
얼른 뛰어와
번쩍 들어 올려주며
하는 말
다 늘그막에
이 무슨 청승인가요
이게 무슨 극락이라니요

농막 옆 도랑물

농막 옆 뒷산
골짜기에서 흘러내리는
산골 도랑물
여름 한철 밭일하고 나서
흘린 땀 씻어 내리는 곳

오늘은 아내가
발목까지 잠그고
질경이 씻고 있네

불혹의 아들 기침에 약된다고
뿌리 채 뽑은 질경이
무더위 피서지 따로 있나
일하며 쉬는 이곳이
바로 그곳이지

고추 시름 걷어낸 아내의 얼굴

고추 따러 왔다가
곯아떨어진 고추들 보고
시름잠긴 아내

호박순이라도 따다가
좋아하는 손녀딸에게 준다고
호박넝쿨로 가네

혹여 뱀이라도 나올까
낫 들고 뒤따라 가 호박넝쿨
주변 잡초 쳐주는데

이게 웬일!
달덩이 같은 둥근 호박 하나와
팔뚝만큼 길쭉한 호박 하나

뜻밖의 횡재에 놀라
어머나! 탄성 지르며
고추 시름 걷어내는 아내의 얼굴

달관의 얼굴

비 저리 계속 내린다고
얼굴 수심 그리 깊은가요

저 비에 애써 기른 고추들
모두 곯아떨어질까봐 그런가요

저 아랫마을 8순 넘은 김 노인
걱정하는 얼굴 본 적 있나요

비가 와도 그만 안 와도 그만
언제나 똑같은 달관의 그 얼굴

추석 전후 한 보름간

추석 전후 한 보름간
내려오지 못한 우리 내외 위해

지팡이 짚고 농막까지
힘겹게 찾아 오른
아랫마을 김 노인 내외

옥수수 막걸리
멀리 강원도 사는 딸이
택배로 보내준 거라고

안주는 방금 새로 덥힌
녹두 빈대떡이라고
늦게나마 따뜻한 추석 온정
구수한 이웃사촌지정

알밤이 부르는 소리

두 내외
연못 아래 토란 밭에서
토란 캐는데

토란 밭 바로 옆
밤나무 숲에서
툭툭 알밤 떨어지는 소리

바람이라도 살랑 불면
더 자주 떨어지며
부르는 소리

결국 하던 일 멈추고
숲속으로 뛰어가
알밤 주워 와서

볼록한 주머니
서로에게 자랑하는
저 동심의 노부부

믿거나 말거나

이웃마을 어느 누가
멧돼지 새끼 한 마리 잡았다네

막걸리 좋아하는 그가
멧돼지도 막걸리 좋아 할 걸
굳게 믿고
고구마 밭고랑에
드럼통 묻어놓고
막걸리 부어넣었더니
글쎄! 아침나절 나가보니
새끼 멧돼지 빠져있었다네

작년에도 재작년에도
고구마 밭 뒤집어엎은 멧돼지
그리도 미워하더니
잡은 새끼 멧돼지고기를
막걸리 안주로 삼아
잘근잘근 씹어 원수 갚았다네

호사豪奢

가을걷이도 어지간히 끝나가기에
5일만에야 농장에 도착하니
은행나무 6그루 그 동안
온몸 노란 옷으로 갈아입고
어서들 오라 반겨주네

산자락 줄지어 하늘 높이 치솟아
산중턱까지 물들여놓은 저 모습
대견도 하여라!
눈부시기도 하여라!
노란 잎들까지 날리며 마중해주네

어린 묘목 심어
저리 크도록 긴 세월 함께 했으니
정인들 어찌 깊지 않겠냐만
이토록 감격스러운 환대는
그저 심어준 대가로는
너무나 과분한 호사 아닐까

눈부신 마중

이쪽 산자락 밑 은행나무 3그루
이쪽 산자락 다 물들였고

저쪽 산자락 밑 은행나무 3그루
저쪽 산자락 다 가려버렸네

눈부셔라 두 산자락 노랗게 물들여
반겨주는 저 6그루 은행나무들

심어 길러 준 정 뭐라고 우리 노부부
멀찌감치부터 눈부시게 반겨주나

잘생긴 무들

난생 처음 심어본 김장 무
오늘 뽑고 있네

내가 심은 무 이리도 잘생겼다니
믿기질 않네

너울너울 무 총은 머리칼이고
땅 위청 녹색 부분은 얼굴이고

땅속 하얀 살은 몸통이고
꽁지는 다리

어쩌면 내가 심은 무들도
심어준 나 이렇게 꼭 닮았을까

대추 한 알

도대체 대추 한 알뿐이라니
4그루 대추나무에서 넷도 아니고
한 알 뿐이라니 해마다 추석 때면
붉은 점박이 풋대추 따다가
추석 차례상에도 올려드리고

입동도 지난 이때쯤이면
낙엽진 이파리 다 떨어뜨리고 나서도
한말은 실히 따고 줍고 했는데
아무리 나무 위 쳐다보고 풀숲 뒤져도
말라 쭈그러진 대추 한 알 뿐이라니
한 알이라도 눈에 띄게 하여
몸뚱이는 죽지 않고 살아 있으니
베지 말고 내년을 기다리라는 것인가

하기야 가련한 대추나무들 무슨 죄 있겠는가
애써 피운 꽃 이상 기온으로 다 빼앗겼는데
한 알일망정 주머니에 넣고 돌아오는 마음
오리려 미안해지는구나

오늘도 혼자 집을 떠나올 때

오늘도 혼자 집 떠나올 때
아내는 걱정스레 부탁하네

꼭 3 두럭
고추밭만 갈아엎고 오라고
그리고 또 이제 나이 들어 힘드니
내년부터는 농사일 그만두자고
농장에 도착
농막에 앉아 배낭 풀며
주변 둘러보니
매실꽃 흐드러지게 피어
벌 나비들 불러 아침 즐기고

도랑가 늘어선 목련나무들도
하얀 꽃 몽우리들 삐쭉 내밀며
어서 밭으로가 고추밭 일구라 재촉하네
고추밭 3두럭 이상 갈아엎으면
밤새 종아리 쥐 앙갚음도 겁나지만
농사일 접자는 아내의 말 왜 이리 허전할까

따끈한 빈대떡과 시원한 막걸리

우리 두 내외 밭일 끝내고 떠나려는데
아랫마을 김 노인부부 올라 왔네
막걸리 한 병에 빈대떡 쟁반 들고
힘든 산자락 길 올라 왔네

우리 내외 밭갈이 온 걸 어이 알았나
아마도 창문으로 내다보았겠지
농막에 둘러 앉아 술잔 나누네
막걸리는 시원하고 빈대떡은 아직 따끈하네

두 동갑내기 여인은
토란과 생강 심을 이야기 나누고
두 노인은 그제 끝난 총선 이야기 나누며
노인들 폄하한 막말에 관해 언성 높이네

활짝 핀 매실 꽃과 삐쭉 내민 목련꽃 몽우리도
모처럼 산간 울리는 우리 목소리 엿듣고 있네

꽃들의 성화

꽃들이 성화하네
곱다고만 하지 말고
쳐다보지만 말고

밭일하다 호미든 채로라도
꽃노래 불러달라네
봄노래 불러달라네

산자락 붉은 진달래꽃더미
농막입구 하얗게 물든 목련꽃
과수원 연분홍 매실 꽃들

둘러보고 또 둘러보아도
봄노래 불러 달라
성화들 하네

꽃 세상

농막 앞은
온통 꽃 세상

둘러싼 산자락은
붉은 진달래꽃 허리
과수원에는 매실꽃
농막 입구 논둑에는
줄지어 선 하얀 목련꽃

일하다 쉬고 있는 나또한
한 송이 꽃 되어
꽃들과 꽃 이야기 나누네
꽃들과 꽃노래 부르네

꽃과 벌

목련꽃들은 하얀 미소로
저들만 보며 이야기 나누자
성화하고

매실 꽃들은 연분홍 미소로
저들만 보며 노래 부르자
심술부리고

진달래꽃들은 붉은 입술로
저들 품으로 올라와 쉬라
졸라대고

엿듣던 벌들 웽웽거리며
빨리 가 하던 밭갈이나 하라
샘나 겁주고

황국차黃菊茶

서리 오기 전
꼭 올라가야하네

뒷산자락 밑 놀리는 밭에 올라가
황국꽃송이들 따 와야 하네

밭주인은 이제 내가 아니라
황국더미 가족들 소유라네

처음에는 두어 무리 자리 잡더니
10여 년 세월에 저들 세상 만들어

늦가을이면 황금색 꽃물결로
벌 나비 불러 잔치 벌인다네

된서리 오기 전 오늘은 꼭 올라가
황국 한 바구니 따와야 하네

그래야 내년 한 해 또 거르지 않고
황국차와 함께 보낼 수 있다네

황국주黃菊酒

뒷산자락에 올라
황국 꽃송이 따려 손 내미니

벌 나비들 어느새 먼저 와
꽃송이마다 차지하고

왱왱 파닥파닥 소리 지르며
내 꺼야 내 꺼야 겁주며 쏘려 덤벼드니

어쩐 담! 술 서너 병은 담아야
1년 내 황국주 맛 볼 수 있을 텐데

욕심 많은 건 사람뿐인 줄 알았는데
저 많은 황국 두고 이 야단들이니
네놈들 욕심도 우리네와 다름없구나

늦게 온 만큼 늦게 가야지

어찌하여 목련꽃이여
벌써 지기 시작하는가요
바람도 잔잔할 뿐인데

꽃샘추위 미워하며
네 하얀 모습 보고 싶어
애태우며 기다렸는데

좀 더 오랫동안 마주보며
많은 이야기 나누며
이 봄 노래하고 싶은데

늦게 꽃피웠으면
늦은 만큼 더 머물다 가야지
어찌 갈 길만 재촉 하는가요

목련꽃과 복사꽃

수북이 내려쌓인
목련꽃잎들

갈퀴로 쓸어 모아
밭고랑으로 옮겨 메워주는데

허전한 이 마음 어찌 알았는가
제방에 늘어선 복사나무들

눈부신 연분홍 꽃으로
허전한 이 마음 달래주네

심술궂은 소낙비

소낙비 중에서도
심술궂은 소낙비 있다면
바로 오늘 만난 소낙비

새벽부터 서둘러 모종 사러
시골 5일 장터 도착했을 때
퍼부은 그 소낙비

봄날에는 이슬비나 내려주어야지
한여름 천둥번개까지 미리 데려와
반 시간이나 퍼붓고 간 그 소낙비

아수라장 된 그 장터에서
그 소낙비 다 맞으며 모종 사들고
떠나려하자 뚝 그친 그 소낙비

매실나무 밑 오지독

농막에 앉아쉬면서
익어가는 매실들 바라보네

매실나무 밑 오지독 2개도
푸르른 잎 속 매실들 쳐다보네

농막으로 옮겨온 오지독들
어머님도 함께 모셔왔는가

자식들 키우시느라 애지중지
평생 손때 입히신 저 오지독들

이젠 더 이상 텅 빈 슬픔 없겠네
채워줄 매실과 어머님도 함께 하시니

매실주 거르네

오지독 앞으로 가서
묵직한 뚜껑 열고

꽁꽁 묶었던 끈 풀러주고
덮었던 비닐 열어 제치니

숨 막혀 지내오던 매실 향기
화풀이하듯 코를 찌르네

한병 또 한병 걸러 담아가며
함께 마실 얼굴들 그려보네

가뭄 속 농장

아직도 살아들 있구나
초록색도 잃지는 않았구나
모두들 타들어갔을 줄 알았는데
108년만의 가뭄에 계곡물 말라 버린 지 오래고
지하수조차 말라 포기하고 있다가
그래도 봄부터 함께한 정 잊지 못해
가버린 뒤치다꺼리나 해주려왔는데

어찌 들 살아있었더냐
하늘이 도와 밤이슬이라도 내려
생명의 줄 놓지 않고 견뎌냈느냐
아내는 밭으로 뛰어가 둘러보면서
고추도 오이도 꽤 열렸다고
하도 신통해 소리 지르네

나 또한 밭작물 향해 소리 지르네
고맙다! 조금만 더 참아라
글피부터 장맛비 시작 된단다!

자두나무 3그루의 무상無常

이 자두나무 3그루에게도
한 때는 화려했던 시절 있었지
3그루 자두나무
너무 좁은 간격으로 심어 길러
서로 얽히고설키고 자라나
봄날이면 집채 만한 흰 꽃구름덩이
보여주곤 했지

초여름이면
익어가는 진자주색 자두 열매로
놀래 주곤 했지
하지만 이제 2그루 베어내
호박넝쿨 길잡이 되어
호박꽃들만 등에 지고 있고
한그루는 그래도 한 가지 살아남아
몇 안 되는 자두 매달고
힘겨워 늘어졌구나

잃어버린 봄

늦추위로 움츠리고
내일 내일 미루다
느닷없는 여름 날씨 당해

허둥지둥
밭갈이 하면서
두리번두리번 둘러보니

저 목련꽃도 마찬가지
한 보름 꽃 자랑하더니
단 이틀 만에 피고지다니!

덤벙대는 아내

새벽 전철로
먼 길 왔으면 좀 쉬면서
따끈한 커피라도 마시지

뭐 그리 바쁘다고
배낭 풀어놓자 바구니 하나 들고
매실나무들 밑으로 뛰어가나

불과 3일 동안
농장 내려오지 않았다고
못 본 매실들 저리도 궁금할까

아니면 매실들
아내 모습 보이자 반가워
굵은 걸 따가라 부르는 걸까

농장에만 오면
동심으로 돌아가는 소녀처럼
덤벙대는 아내

도랑물 길 찾아주네

도랑을 치네
잡초들 꽉 차있어
괭이로 파내랴 땀범벅이네

장마 들어
토사들 흘러내려 쌓여
도랑물 길 잃으면

과수나무들에게
흘러들어가
뿌리 괴롭히고

밭고랑으로도 흘러들어가
채소들 물에 잠겨
병들게 하네

도랑을 치네
힘들어 땀 범벅되어도
찾아 줘야할 길이라네

몸통으로 다 갚았구나

어느새 무릎까지 자라 오른
김장 무 배추 심을 밭 잡초들
한 열흘 전 애써 갈아엎고
퇴비까지 뿌려놓았더니
저들 세상으로 만들어놓았구나

어쩌겠는가 치미는 화 진정하고
잡초들 뿌리째 뒤집어엎는 수밖에
6번이나 산수유 그늘에서 쉬어가며
3번이나 지하수로 머리 감아가며
2두럭 잡초들 묻어 버리고나서

기고만장 소리 지르네
요놈들! 네놈들 먹어치운 비료들
네놈들 몸통으로 다 갚았구나!

고추가 뭐기에

참 이상도하지!
붉은 고추가 뭐기에
아내 마음 저리도 쥐락펴락 하는 걸까

늦잠 잤다고 화나서
전철타고 오는 동안
말 한마디 않고 시무룩하던 아내

고추밭에 이르러
닷세 만에 많이들 익어
이랑마다 붉은 고추들 보고는

화났던 얼굴 어디로 날려 보내주고
저리도 행복에 겨운 웃는 얼굴로
바꾸어주나

소낙비의 심술

쏟아지려면 농막 떠나기 전 쏟아져
그치면 떠나게 해주지
농막 떠나 전철역
중간쯤 걸어왔을 때 쏟아져
우리 두 내외 흠뻑 적셔주다니

게다가 우리 내외 전철역 도착하자
뚝 그쳐버린 심술궂은 소낙비
꼭두새벽 내려와
고추 따 배낭 매고 가는 우리 내외
그리도 샘났던 것이냐

멧돼지의 화풀이

계단 논 푸른 제방
어찌 저리 뒤집어엎어
벌거숭이 흙비탈로 만들었나
도대체 얼마나 많이 떼지어 내려왔기에
저 많은 제방들 내리 다 망쳐놓았나

어쩌나! 논 임자들 추석 얼마 안 둔 저 벼들
큰비라도 당장 내리면 쓰러질 텐데
고약한 멧돼지들 왜 그랬을까
저 논 제방의 푸른 잡초 뿌리들은
바로 저 산자락 밑에도 지천인데

아하! 이제 알겠구나
더 이상 놈들에게 당하기 싫어
고구마 심지 않는 마을에 화풀이한 걸

뭐가 저리 신통한지

농장가려 집을 나서는데 빗방울 떨어지네
뭐가 이리 궁금한지 갈까 말까 망설이다
가던 길 그냥 가기로 했네

일주일이나 못 내려가
아내는 녹두가 궁금하다하고
내 눈앞에는 농막뒷 산알밤들 어른거리네

막상 도착해보니
지난 태풍에 녹두는 빈 죽정이고
알밤들은 아직 일러 한 톨도 구경 못하지만

우산 쓴 아내는
잘도 자라는 무 배추 녹색 물결 앞에서
뭐가 저리 신통한지 싱글벙글이네

구기자

도대체 어찌 견뎠느냐
때늦은 진보라 꽃들 피워가며
칡넝쿨들에 휩싸여
햇빛조차 못 보는 어둠속에서
꼭대기 꽃들만 억지로 피웠구나

저 왼쪽 오미자 넝쿨들 좀 보아라
지지난 해 봄날 같이 심었는데
붉은 열매들 저리도 매달고 있지 않느냐

하기야 어찌 너희들만 탓 할 수 있느냐
연이은 가뭄과 장마 태풍에 정신 팔려
따뜻한 손길 한번 주지 못한 내 잘못이지
구기자들아! 이제 맘 놓아라
너희들 목 조이는 칡넝쿨들
이 괭이로 뿌리째 뽑아 줄 테니

김 노인과 머루송이

농막 어귀에서 만난 김 노인
자기 집 마당 한편
머루넝쿨로 데리고 가더니
까맣게 익은 머루송이들 따주네

농막으로 올라가며
머루 몇 알 입에 넣어 맛보니
고향 생각 나네

그 옛날 어린 시절
고향 뒷산 벌초 길에서 따주시던
집안 어른들 그리워지네

따뜻한 김 노인 마음 담아
머루주 담아 잘 익으면
김 노인 불러 함께 마시리

차라리 텅 빈집보다는

종씨에다가 나보다
한 살 위이니 누님이라 부르라던
아랫마을 그 여인

어느새 허리 굽은 고령 나이 되어
영감님 산소 옆으로 알밤 주우러왔네

알밤 한줌 줍고 나서 영감님 옆으로
또 한줌 줍고 나서도 영감님 옆으로
온종일 떠날 줄 모르네

텅 빈집보다는 차라리 살아생전처럼
알밤주우며 영감 옆에 있는 게 좋다하네

농장이 뭐기에

농막 뒷산에 올라
이 늦가을 알밤도 줍고
무 배추밭에
물도 흠뻑 주고

그저께 따다 만
감나무꼭대기 감도 따오려고
꼭두새벽 두 내외
집 나서 농장으로 떠나려는데

비와요! 못가요! 소리치며
얼굴 일그러지는 아내

참 알다가도 모를 일
바로 그저께 다녀온 농장이 뭐기에

농사의 농자도 모르던 아내 마음
저리도 아쉽게 해 주는가

미련한 모과나무야

농막 앞 모과나무 꼭대기 가지 위
대롱대롱 매달려
영하의 추위에 떨고 있는

하나 둘 셋 넷 다섯 개
저 노란 모과들

분명 한 달 전
가을걷이 마감할 때
장대로 다 따간 줄 알았는데

미련한 모과나무야
어쩌자고 잎들 속 숨겼다가
꽁꽁 얼게 했느냐

두 멍청이

금년에는 단 한 개도 못 열렸구나
이 멍청한 모과나무야

작년에는 하도 많이 열려
버팀목 댓 개나 뒷산에서 구해
지탱해줬는데

솎아 줄 생각은 못하고
그저 많이 열린 것만 좋아한
나도 멍청이지만

한 100개만 열려도 될 걸
그저 새끼들 욕심은 많아
3배나 열려 몸 망친 너도 멍청이

저녁 반주 한 잔 없으면

황국 따려하니
벌 나비 왱왱거리며
못 따게 하고

찔레 열매 따려하니
가시들로 찔러대며
못 따게 하고

오가피열매 따려하니
벌레들 덤벼들어
못 따게 하고

하지만 어쩌겠는가
쐬고 찔리고 가려워도
따가는 수밖에

아니 따가 담금 주 못 담아
저녁 반주 한잔 없으면
어찌하려고

고급 양주 한 병

두 달에 한 번 만나는 대학동창 모임
오늘 낼 차례 동창 들고 온 고급 양주 한 병
한 30년도 더 오래 보관하여오다
오늘 함께 마시고 싶어 가져왔다는
고급 양주 한 병

술 좋아하는 그 친구
집에서 양주병 볼 때마다
침께나 흘렸을 텐데
귀한 술 고마워하며
14명 동창들 술잔 높이 들며
건배 소리는 우렁찼지만

지난날 두주불사 호기 다 어디로 갔나
마시는 시늉만하고 슬그머니 내려놓는
적지 않은 술잔들
하기야 옛날 같으면
8순으로 오르는 나이면 뒷방 신세 아닌가
동창회 나온 것만도 장한 일이지

제3부

복에 겨운 푸념

복에 겨운 푸념

산에라도 오르는 것처럼
등산복에다 배낭까지 메고
새벽부터 서둘러 가는 곳은
산이 아니라 조그만 일터

인적 없는 산기슭
농막에 들려 일복 갈아입고
밀짚모자로 갈아 쓰고
완벽한 농부로 변신되어
내 조그만 영역을 돌며
풀 한 포기에까지 인사 나누고

해도 해도 할 일 끝없는 이곳
고라니와 멧돼지와 다투면서
왜 나는 이리도 좋아하는지
하루라도 못 오게 되면
무엇이 그리 궁금해 못 견디는지
그 이유조차 생각해볼 겨를 없으니

연평도 무차별 포격

또 당했구나 천안함 물 속 만행 아픔과 분노
채 가시기도 전에
이번엔 또 땅위 연평도를
무차별 포격으로 불바다 만들었구나
짐승들도 저들끼리는 해코지 않는데
한 핏줄 한 동족에게
또 포격 살상 저질렀구나
아! 빼앗긴 꽃다운 저 젊은 목숨들 어이하나
삶의 터전 쑥대밭 된 저 주민들 어이 살 건가
들끓는 국민들 분노 어이 식힐 건가

하지만 놈들은 불장난으로 독주를 마셨다
놈들의 속내 다 보여주었으니
다시는 속지 않으리라
지난 10년간 햇볕정책으로 퍼준 돈
굶주린 북한 주민들 도운 게 아니고
핵무기와 미사일개발에 쏟아 부은 들어난 속셈
아! 하늘이시여
언제나 조국통일의 그날 주시렵니까
그리하여 전쟁 없는 평화 주시렵니까

황률黃栗

지난 가을
농막 뒷산에서 주워온 알밤들 중

굵은 알밤들은 선택받아
일찌감치 냉장고에 들어가
생률 될 설날아침 기다리지만

저 창밖 추운 곳에서
아무렇게나 널려져 떨고 있는
잔챙이 알밤들

가을부터 눈 내리는 한겨울까지
바람과 햇볕에 말라 볼품없지만

나는 알고 있다네
또 한 번 절구통의 시련 겪으면
황률 된다는 저들의 황금빛 꿈을

강추위 (1)

삼한사온도 잊은 강추위
녹아내릴 엄두도 못 내고 있는
창밖 쌓인 눈

갑자기 눈앞에 떠오르는
그 청진역 눈 덮인 산

까마득한 어린 시절 6살 나이
부모님 따라 청진역 도착한 그 새벽
오죽 추웠으면 지금도 눈에 선할까

같은 조국 산하이니
그 산도 이 아침
흰 눈으로 덮여 있겠지

강추위만큼이나 얼어붙은 남과 북
언제나 해빙의 물소리 들을 수 있을까

강추위 (2)

복사나무들 냉해 입는다고
볏짚 둘러싸줘야한다는데

어쩌나!
눈길 막히고 얼어붙어
갈 수 없으니

밭 갈며 바라보던
도랑가 10그루 복사꽃 없이
봄날 어이 보내고

봄부터 가을걷이 끝날 때까지
복사술 항아리 없이 어이 보내나

금禁줄

빚쟁이들 눈 피해 다니다
어둠 깔린 후에야 집 근처에서
대문 쪽 바라보니
넷째 손자 보셨다고 집 대문에
검정 숯과 붉은 고추달린 금줄
매고 계시던 아버님
그날 태어난 막내아들 덕에
삼칠일간 나는 집안에서
숨어 지낼 수 있었다네

오늘이 바로 그 아들 생일
그때 그 아들 어느새
불혹의 나이 되었다니!
네 아들네 식구들 다들 모여
왁자지껄 생일 축하해주는데
난 왜 이리도 아버님 그리워질까
삼대 오순도순 지내던
집까지 날린 철부지 아들에게
꾸중 한 번 주지 않으셨던 아버님

저 쌓인 눈 녹고 날씨 풀리면

저 쌓인 눈 녹고 날씨 좀 풀리면
한번 꼭 가봐야겠네, 그 작은 종로 6가집

8.15 해방의 날 열차 칸에서 맞으며
멀고 먼 청진에서 피난 내려와
스무 해나 살다 떠나온 그 집
그 쪽 대문과 툇마루와 마루며
방들이며 장독대 다락방
아직도 그대로 있는지

어린 시절 아이들과 뛰놀던
그 골목길과 좌우로 늘어섰던 집들
아직도 그대로 있는지
혹시라도 이제는 다들 백발 되었을 친구들 중
어느 누구라도 만날 수 있을는지

내 유년 시절 푸르른 꿈과
내 청춘시절 연정도 꽃 피어난
그 가난했던 작은 집

하늘의 경종인 줄 모르고

언제까지 경종만 울리고 참아주시려는지
참는데도 한계가 계실 텐데
인간들은 스스로의 파멸 행위
고칠 생각은 않고
하늘만 원망하며
조류독감과 구제역 바이러스만 저주하며

죄 없는 소 돼지 산체로 파묻는구나
죄 없는 닭오리 산체로 파묻는구나
비명소리 온 하늘 덮는구나
다음 차례 인간에게 닥친다면
누가 눈물방울 떨어뜨려 줄 것인가
누가 파묻어 줄 것인가

생일 유감

하필이면 어머님 이 아들
음력 설날 새벽에
낳아 주시여

생일날마다 큰댁 내려가
조상님께 차례 지내드리고 나서
떡국만 먹게 해주시어

장가 든 후에야
만세력에서 양력 일자 찾아
생일 밥상 찾게 되었는데

이제 나이 들어 생각해보니
어머님 얼마나 큰 복 주셨는가
일 년에 생일 두 번이나 주셨으니

백모伯母님

지난 추석날 만해도 알아 보시고
몇 마디 말씀도 하시더니만

오늘 설날 아침에는
알아보시지도 못하고 말씀도 멈추셨군요

그런데 어찌하여 누워계시지
벽에 기대앉으시어 누구를 기다리시나요

백부님 기다리시는군요
어서 데려가 달라고 긴 병에는 효자 없다고

백년만의 폭설 (1)

아니 어쩌면 저럴 수가!
동해안 강원지역 눈 폭탄 현장
티브이로 보여주는 저 적막의 지옥
눈에 파묻힌 길가의 승용차들
허리 위까지 쌓인 눈 치우는 동원 인력

고립된 산간 마을이며
무너져 내린 가옥이며 비닐하우스들
산까지 집어삼킨 저 눈의 재앙
눈이 내리면 온 동네 아이들과 강아지들이며
청춘남녀며 노인들 모두가 즐겼는데

천암함과 연평도 상처 가시기도 전에
구제역과 조류인플루엔자로 온 나라
깊은 시름 속 쳐 넣어 버리더니

엎친 데 덮친다더니 아니 저럴 수가!
저 공포의 눈 폭탄은 무슨 업보란 말인가
하늘이시여 재앙 그만 거두어주소서

백년만의 폭설 (2)

그처럼 순결하던 하얀 눈송이
축복이었던 하얀 눈송이

변했구나 눈 폭탄으로
참다 참다 더는 못 참고
변했구나 재앙으로

하늘은 구멍 나고
땅은 파묻히고
맥 못 추는 탈출의 몸부림들

양현 아주머니

오늘 사촌형님 문상 가서
양현 아주머니 만나 뵈었네

양현은 내 고향 이름
재당숙모 고향 아주머니 뵈오니
나의 유년시절 생각났네

어머니 등에 업혀 아랫집 잔치에 가서
마루 위 신랑 신부 구경했던
그때 그 새색시 오늘 만난 것이네

족두리 쓰셨던 머리는 백발 되셨고
연지곤지 고우셨던 얼굴 주름 가득 하셨고
허리 굽어져 도저히 알아 뵐 수 없었네

당숙 아저씨도 아들 둘 앞서 보내시고
술로 끼니 이으시다 먼저 가셨고
지금은 딸 집에 계시다는 양현 아주머니

아름다운 꽃도 질 때는 추해 보인다더니
사람도 예외는 아니로구나 서글픈 마음에
아주머니 부르며 손 잡아드리니

더더욱 슬픈 일은
이 늙은 조카도 몰라보신다는 것
난들 왜 그만큼 아니 늙었겠냐마는

앙갚음

어제 밤에는 쥐가 나서 혼났네
처음에는 왼쪽 종아리가 뒤틀리더니
그 다음에는
양쪽 종아리가 한꺼번에 뒤틀려
아주 혼났다네

틀림없이 어제 농장에서
가지치기 당한 과수나무들과
부려 먹힌 내 종아리 앙갚음이라네

과수나무들은 가지 잘려 아팠고
온종일 발돋움해 부려 먹힌
내 두 종아리도 분통 터졌고

아무리 미운 이웃나라라 해도

아무리 미운 이웃나라라 해도
이게 웬일일인가요 하늘이시여
한꺼번에 여러 재앙 내려주시다니

강력한 지진과 그로인한 끔직한 해일
또 그로인한 원자로 폭발
한 술 더 떠 화산폭발까지

아!
역사상 4번째 기록 9.0 강도의 지진
제트기 보다 더 빠르다는 해일

맥없이 쓸려버린 저 수많은 생명들
목숨 걸고 핵 속으로 들어가 사투하는
저 용감한 사람들

하늘이시여
벌을 주시려면 한 가지만 주시지
자비심은 내려주셔야지 않겠나요

이모님

막내 이모님 댁 다녀왔네
이모님 변한 모습에 깜짝 놀랐네

만나 뵌 지 반 달 만에
호호백발 되시고
걷지도 못 하시네

교통사고는 들어 알고 있었지만
그 정도 중상인 줄전혀 몰랐네

교통사고
그리 무서운 줄 새삼 알고
몸서리쳤네

돌아오는 길
어이 이리도 가슴 아플까
어머님의 하나 남은 막내 동생

미스터 쟈크라콤에게서 온 이메일

40여 년간
섬유수출 무역업 하다가 그만둔 후

처음으로 받아본 영문으로 된
이메일 한 통

그 많았던 옛 거래선 중에서
단 한 사람도 보내주는 소식 없어

사업에서 우정이란 사치일 뿐이구나
여기고 있었는데

오늘 처음 그래도 잊지 않고
이메일 한 통 보내준 미스터 작크라콤

하도 오랜 동안 하지 않던 영문으로
답장 보내는 이 마음 이리 포근할까

목련꽃과 백내장

하얀 구름으로
하얀 두루미 날개로
그렇게 하얀색으로만

너를 보며
너를 사랑한 것이
어찌 네 탓이었겠느냐

네 속살에 흐르는 잔잔한
연녹색 물결 못 보게 한
내 백내장 탓이었지

가뭄 속 무지개

사촌형님 내외분
메말라가는 고추밭에
물을 주네

푸석푸석 먼지 나는 고랑마다
구멍 뚫린 긴 호수 늘여놓고
지하수 물 틀자

고추밭은
안개처럼 내뿜는 물보라 속에서
무지개 띄우네

노부부 평생 살아오며 꿈꾸던
무지개 보는 것만 같네

자라 보고 놀란 가슴

대지진으로 인한
해일과 원자로 파괴로
일본이 난리 겪더니

어제는
거대한 토네이더로 미국이
350명의 생명과 삶의 터전 잃더니

이 한밤중
난대 없는 저 천둥과 번개
또 무슨 경고일까

자라 보고 놀란 가슴
솥뚜껑 보고 놀란다더니
내가 바로 그 꼴인가

새 이불

막내여동생 아들 결혼시킨다고
택배로 보내 온 이불 선물

아장아장 걸으며 재롱부리던 조카
벌써 결혼한다니

불현 듯
떠오르는 어머님 얼굴

막내딸 시집보내는 날 하도 아쉬워
안방에서 우셨다는 어머님

그 막내딸의 막내아들 결혼한다는데
살아 계시다면 얼마나 기뻐하실까

언감생심焉敢生心

막내 손자
결혼식에 나오신
사돈 어르신

90넘은 연세에도 꼿꼿하게
하객들 맞으시며
덕담도 나누시네

20년 후에야
저분 나이 될 텐데
그때 내 모습 어떠할까

언감생심焉敢生心
오늘 이 결혼식장 오기에도
버거워 한 주제에

그 나이에

옆구리 결리고
누었다 일어날 때
아이고 소리 절로 나와

웬 그럴까
어제 농장 내려가
무리한 것도 없는데

복사나무 5그루 거름 주느라
나무 둘레 땅 파준 것밖엔 없는데
결국 병원 찾아가니
진찰 끝낸 의사 하는 말
그 나이에 곡괭이질 했군요

유혹誘惑

아들들이 밤낚시 가자는 말에
얼떨결에 그러자 했지만

해마다 달라지는 기력
밤낚시 할 수 있을까
망설이는데

낌새 채고 눈앞 나타나
유혹하는 그 낚시터

수초 속 던져 넣은 야광찌
쑤욱 올려 잡아챌 때 손맛까지
미리 보여 유혹하다니

꼴불견

전철 안 노인 좌석
길게 누워있는 늙은이

어느 노인 지나가며
누우려면 왜 나와!
집구석에나 처박혀있지!

하지만 들었는지
못 들은 척 하는 건지
꼼짝 않는 저 늙으니

나이

왜 비를 빗님이라 존칭하고
기우제를 지냈는가를

늘그막 조그만 밭뙈기에
농사꾼 시늉하고 부터야

그 간절함과 그 소중함
몸과 마음으로 깨닫게 되다니

내 갈길 또한 자연임을
절실하게 알게 해주다니

MRI 검사

MRI 만나러 가는 날
난생 처음 만나는 이 의료기구가
나의 두뇌영상을 찍어준다니

과연 이 기구가
내가 자리에 눕다가
천 길 낭떠러지로 추락한 이유 밝혀줄까

백내장 수술 받고 나서
계속 눈부시고 어지러움 느끼는 이유
밝혀 줄 수 있을까

심해져가는 건망증
사소한 일에도 짜증내고 언성 높이는 이유
밝혀 줄 수 있을까

하지만 오직 바라는 건
가족 고생시킨다는 치매나 중풍은 아니고
그저 나이 들어 생긴 노화현상뿐이기를

길고도 긴 하루

어지러움증으로
두어 번 혼나고 나서
또 다른 머리 병이 아닌가 겁나서
MRI나 찍어 볼까하여 예약한 것이
이리도 긴 하루를 보내게 되다니

응급환자도 아닌데
꼭두새벽 2시에 병원으로 가고
그뿐인가
물 한 모금 마셨다고 금식 위반 되어
12시 넘어 또 채혈하러 병원 가고

멀고도 먼 병원 두 번이나 다녀오느라
엉뚱한 아들과 아내만 고생시키고

하루가 이리도 길고도 긴 줄 알았다면
어지러움 증으로 서너 번 더 혼나더라도
병원 예약 하지 않았을 것을

제행무상용맹정진諸行無常勇猛精進

제행무상만 들어
무상이니 무아니 허무만
떠들어대면서

왜 그 다음 용맹정진 말씀은
귀 기울여 듣지 못하고
허송세월 보냈던가

왜 그 위대한 말씀
반쪽만 듣고
짧은 인생 한탄만 했던가

한시도 쉬지 않고 흐르는 강물이여
미리 알았다면 바다에 함께 흘러가
초생달이라도 띄우고 있을 걸

기청제祈請祭 (1)

기청제가 열린다니!
기우제란 말은 흔히 들었어도
기청제가 열린다니
계속되는 극심한 가뭄으로
빗님 오시게 해 달라 기우제 올리더니

이제 곡식 익어갈 이 초가을부터
가을장마와 태풍 빗줄기에다
아열대성 국지성 빗줄기에다
빗줄기에 빗줄기만 바라보며
농부들 얼마나 고통 받고 있으면
기청제까지 올리다니

빗줄기 그치기 바라는 게
어디 농부뿐이랴 나라 걱정하는
국민 모두이지
하늘이시여
이제 제발 더 이상의 재앙 멈추시고
간절한 저 기청제 소리 들어 주소서

기청제祈請祭 (2)

자연 훼손한 인간들에게
하늘이 내리는 재앙

어쩌겠는가 떠들썩한
과학문명으로도 속수무책인 걸

하늘 보고 욕을 하랴
하늘 보고 원망하랴

무릎 꿇고 비는 수밖에
잘못 뉘우치고 비는 수밖에

제발 비 좀 그치게 해 달라
두 손 모아 싹싹 비는 수밖에

아주 평범한 지혜

3년 전 처음 밭갈 때는
기역자 쇠스랑으로 올렸다 내리쳐
어깨죽지 뼈 고장 나 고생했고

2년 전 밭갈 때는
삽으로 흙 뒤집어엎느라
밤마다 양쪽 종아리 쥐가 나 고생했고

지난봄 밭갈 때는
약간 굽은 쇠스랑으로 몸 팔다리 쓰니
별 탈 없었으니

이제야 알게 되었다네
농촌 80고령 노인들
어찌 농사 지으며 건강한지를

전철 안에서 만난 그 낚시꾼 노인

어제 만난 그 낚시꾼 노인
그 개울에 가서 물고기 좀 잡았을까
미끼살 돈 아끼려
보리밥 한 덩어리와
찌도 말린 수수깡으로 쓴다고

저수지나 강으로 가지 않고
물 좋은 큰 개울가로 가서
대낚과 견지낚시 번갈아 한다고
80넘은 나이라는데도
무거운 낚시 가방 거뜬히
전철 선반 위로 던져놓고 나서

한때 낚시광이었다는 내 말에
백년지기라도 되듯 허물없이
어린아이처럼 떠들어대던 그 노인
어제 그 개울에 가서
허풍 아니라고 장담하던 대로
배추 3개들이 푸른 망 가득 채웠을까

인생무상人生無常

주인 없는 무덤 지켜주는
농막 뒤 산자락
올밤나무 한 그루

해마다 올밤 주우러 찾아
고인과 인사 나누는지
어느새 15년
어느 세월 또 흐른 뒤
내 발길 또한 끊어질 땐

어느 밤 줍는 늙은이
이곳 찾아 올밤 주우며
문안 인사 나눌까

모기라는 놈들

모기라는 놈들
아이큐는 얼마나 될까
바퀴벌레는 200이나 된다는데
아마도 더 높으면 높았지
덜하지는 않을 것

모기향 피워놓아도
전기모기채로 휘둘러도
재빨리 도망쳐 숨었다 또 괴롭히니
도대체 전생에
사람들과 무슨 악연 그리 깊어
서로 죽이고 물어뜯는 원수지간인가

아무리 높은 덕 쌓은 큰스님이라도
물어뜯는 놈들에 대해서는
추호의 자비심도 없을 터

따스한 손

잃어버렸던 지갑
따스한 손에 의해
다시 돌아왔네

알밤 줍던 농막뒷산
세 번이나 오르내리며
찾아도 허탕치고

새벽 전철역에서 농막까지
환승하고 온 택시회사에
전화하고서야 찾았네

돌려주러 일부러 찾아온
그 기사의 손길 따스했네
내 마음속까지 따스해졌네

별놈의 걱정

내가 심어 기르는 오가피나무들
가을 이맘때 검붉은 열매들
가지 끝마다 동그랗게 다닥다닥 매달려

몸에도 좋으니 어서 따다 술 담가
아들들도 주고 친구들도 주라고
오갈 때 마다 눈길 끌며 저리도 재촉하니

어쩌겠는가
작년 담근 술 걸러내고 새 술 담가야지
걱정도 팔자라더니 별놈의 걱정 다하네

모과 소식

누님이 전화로
모과가 익었냐 물어왔네
한 열흘 더 있어야
노랗게 익을 거라
대답해 주었더니

모과 딸 때 같이 가자고
같이 가서 따고 싶다 말해주네
난 알고 있다네 누님의 마음을
그 옛날 모과나무가 그리워
오고 싶어 한다는 걸

아파트로 이사하기 전
누님집 정원의 그 모과나무
그리워 한다는 걸

그 오랜 세월
함께 지낸 그 모과나무
누님인들 왜 아니 그리울까

바람은 싫다

오늘은 서울시장 재 보궐선거의 날
정치에는 워낙 관심 없어
텔레비전조차 보지 않고 지내왔는데
왜 유독 이번 선거에는
나 이리도 불안과 초조로
안절부절 못할까

바람 속에서 나타난
낯설고 속 모를
저 사람 때문인가
지난날 소고기 파동 촛불 시위 주도했고
천안함 북 만행까지 부정했다는
저 사람 때문인가

누가 뭐래도
나는 바람은 싫다
바람에도 견뎌내는 바위가 좋다

쓴 술

오랜만에 동생 찾아왔네
몇 달 만에 머리 더 허예졌네

열 살이나 더 먹은
나 늙는 건 생각 않고
동생 허연 머리 안쓰럽네

동생 허연 머리 볼 때마다
그놈의 증권인가 뭔가가
증오스럽기 한이 없네

동생 좋아하는 쓰디쓴 칡 술
와신상담이라도 하듯 함께
얼굴 찡그리며 마시네

쓴 술 몇 잔씩 마시고나면
동생 하는 일에 희망도 보여
모든 시름 사라지네

후회

집 나서 5분 거리 전철역으로 가는데
비가 내리네
비 올 것 같으니
다음날 함께 가자는 아내 말
뿌리치고 떠난 거 후회가 되네

오늘밤에나 비 내린다는
일기예보만 믿고
아내 말 안 들은 것 후회가 되네
성묘해 드리고 산수유 따는 일
내일도 좋고 모래도 좋은데
왜 그리 고집 부렸는지 모르겠네

어쩌겠는가
비 오는 날 가봐야 소용없으니
집으로 되돌아가는 수밖에

허심탄회

한 달에 한 번씩 꼭 만나는데
오늘도 무슨 사연들 저리 많을까

한 친구 중국 가 사는 딸네 식구 보고 싶다고
한 친구 금연에 금주까지 하라는 아내 원망하고
한 친구 뤄니지 가 사는 외손녀 보고 싶다하고
나는 유일한 흡연자임을 탄식하고

다들 복에 겨운 사연들이지만
듣는 친구들 말하는 친구들 마음 되어
걱정과 위로 함께 하는 늙은 주름살들

황당한 술좌석

반가운 전화 받고
나오라는 음식점으로 가보니
기다리고 있는 백발의 두 노인
한 노인은 이종사촌 형님
다른 한 노인은 내 아내 공장에서
20여년 보낸 이종사촌 형님의 삼촌
젊었던 두 분 어찌 이리 늙었는가
하기야 어느새 78세에 84세라니
옛날 같으면 뒷방 신세 아닌가

두 노인 결혼식장에 다녀오는 길
혀 꼬부라진 소리하는 걸보니
이미 대취한 상태
술을 얼마나 드셨는가 물어보니
둘이서 서너 병이나 마셨다하고
왜 불렀느냐하니 보고 싶었다고
하! 이를 어쩌나! 술들 취하셨으니
함께 술 마실 수도 없고
그냥 헤어질 수도 없고

옛날 그 목욕탕

옛날 그 목욕탕
참 좋았는데

집에서 가깝기도 했고 자그마했고
이웃처럼 다정도 했는데

쉼터처럼 낮잠도 들어
고향 개울 꿈도 꾸었는데

요즘 목욕탕은
와글와글 시끌벅적
뭐 그리 바쁜지 밀고 밀리고

돌이켜보면

돌이켜보면 먼 길 예까지 왔네
나 또래면 누구나 겪었을 길이기도 하지만
왜정 치하 종반기에 태어나
8 · 15해방 6 · 25전쟁 겪고
대학시절 3년 때 군대에도 다녀오고

젊은 시절부터 섬유수출 외길에 매달려오다
두어 번이나 떨어져 5일 장터 떠돌다가도
오뚝이처럼 다시 일어나 걸어오다가

환갑 나이 되어서야
푸르던 고교시절 좋아하던 시를 다시 만나
자연 속 삶을 함께 지내온 지 어느새 15년

돌이켜 다시 보면
걸어온 인생길 짧기도 하네
꿈엔 듯 어느새 인생 끝자락 서성대고 있으니

이따금 그리워지네

이따금 그리워지네
내가 살며 옮겨온 지난날 그 집들
그리워질 때마다 눈 감으면
눈앞에 떠오르는 그리운 그 집들

고희 중반으로 올라선 지금까지
내 추억 속에 잠겨있는 그 집들
태어나 6살까지 살다 떠나온 고향집
8살까지 살다 떠나온 청진 바닷가 집
29살까지 살다 떠나온 종로 6가집

58살까지 살다 떠나온 전농동 감나무 집
60살까지 살다 떠나온 구리 강변 아파트집
그 후 지금까지 살고 있는 상계동 이집

오늘도 그리워지네 떠나온 그 집들
그곳에는 그 시절 함께하시던 부모님
그 옛날 모습 그대로 반겨주시네

스카이 미술학원

어려서부터 그림그리기 좋아하던 둘째아들
미술대학 들어가 동양화 전공하더니
남들 취직할 때 동양화 전문 학원 채려 운영한지
어느새 20여 년 세월
착하고 정직해 돈 버는 재주 없이
어느새 불혹의 끝에 서 있다니!
오늘은 디자인 반을 새로 신설해
이름도 스카이 미술학원으로 바꾸어
새로 출발한다는 날

하루가 변해야하는 세상 모르고
동양화 외곬으로만 달려오더니
이제야 무언가를 깨달았느냐
아들아! 너무 애쓰지 말거라!
오히려 네가 걸어가는 성실한 외길
이 애비는 더 사랑한단다
네가 그려준 애비의 5권의 시집과
1권의 수필집 표지그림들과 삽화들
이 애비는 너무나 자랑스럽단다

쐐기란 놈

밤새 목덜미 울퉁불퉁 붓고 가려워
잠 설치고
아침부터 서둘러
병원으로 달려가 보여주니
쐐기란 놈에게 쐬었다네

처방전 받아들고 약국으로 가
약봉지 받아들고 돌아오면서
곰곰이 생각해보니
어제 망종일 농장에 내려가
수수밭 일구다 쓸데없는 잡목
한 10그루 잘라버렸는데

잘라버린 그 잡목들
놈들의 보금자리였던 터라
결사항전 복수 한 것
하지만 나에게도 오기가 있네
모래 내려가 남은 10그루 잡목 잘라
내가 당한 고통 되돌려주겠네

가뭄

천둥번개 동반한 소낙비에 우박까지 내리겠다고
외출 시 우산 챙기고 농산물 피해 조심하라고

연이틀 똑같은 일기예보에 지쳐
우박이고 소낙비고 구경이라도 하게 해달라고

햇볕만 쨍쨍한 하늘 내다보며
그 옛날 기우제 지내드리던
조상님들까지 떠 올리며 빌었건만

소낙비는커녕 이슬비조차 보여주지 않으니
자그마한 땅떼기 밭작물들 다 타들어가겠구나

나이 들어 농사길 들어선 내 마음 이럴진댄
농사에 목맨 사람들 심정 어떠할까
하늘이시여, 제발 시원한 빗줄기 내려주소서

매실과 가는 세월

6월 들어서부터는
우리 두 내외
농장 도착하면

우선 매실나무 밑으로 뛰어가
낮은 가지 굵은 매실 골라 따놓고
밭일 시작했는데

7월초 들어서서는
푸른 잎 속에 숨겨 길러 떨어트린
노란 매실들 줍고 밭일 시작했는데

오늘 7월 중순 내려 와 보니
매실나무들 한 알도 남기지 않고
다 떨어트렸네

금년 매실과의 놀이는
오늘로 마지막이구나 생각하니
너무나 빨리도 가는 세월 허전하네

국력 신장

축구의 종주국 영국 팀을
승부차기로 이기다니!

그것도 전 세계인들 지켜보는
올림픽 경기에서

아! 장하다 2002년 월드컵 4강에 이어
드디어 오늘 올림픽 4강에 우뚝 섰구나

선수들이여, 그 여세 몰아 준결승전에서
축구의 황제국 브라질 벽도 뛰어넘기를

동생

현관문 열고 들어오는 동생
얼굴도 많이 상했고
흰머리도 부쩍 늘었네
교통사고에서 천행으로 살아나
한 달간 입원했다가
그저께 퇴원한 동생
낯선 별의 별 환자들과
함께 입원 생활하면서
동생 마음 바다처럼 넓어졌네

부모님 산소에 가
풀 깎아 드리고 돌아오는 길에 당한
교통사고였는데도
퇴원하는 날에도
부모님 산소에 또 들려
살려주셔서 고맙다 절해 올렸고
한 번도 하지 않던 산신님께도
형이 하던 대로 술잔과 절 올리고
도와주셔서 고맙다 했다네

솔잎 (1)

추석은 아직 며칠 더 남았지만
기왕에 오늘
부모님 산소 벌초 온 김에
솔잎 따네

봉분 위 산자락 우뚝 선
하도 키 큰 소나무들 솔잎
딸 엄두도 못 냈는데
고맙기도 하여라
산소 옆 빈 터에
솔방울 떨어트려 싹 틔우더니
올망졸망 6그루 소나무들
이젠 거의 내 키만큼 자라
가지치기 해줄 겸 솔잎 따네

이 솔잎 아내에게 건네주면
예쁘게 빚은 솔향기 송편들
추석 차례상에 올려드릴 거네

솔잎 (2)

부모님 산소
추석 성묘 간 길에 따온 솔잎
차례 상 올려드릴 송편
다 찌고 나서도
반 바구니나 남아
청량한 향기
풍겨주는 솔잎 버리긴 아까워
궁리에 궁리 거듭하다가
햇볕에 바짝 말려서
산사의 스님처럼 솔잎차
마셔보기로 했네
그래도 좀 남으면
담금 술에 넣어 솔잎술 담아
한 5년 기다렸다 맛 좀 보려네

동갑내기 매제 생일에

오늘은 매제 생일
첫째 사위 연대장 취임 축하 겸
첫째 딸네 집에서 지낸다네
최전방으로 지방으로 전전하여
얼굴 보기 힘들었던 첫째 사위
서울 근처 부대로 전근했다네

형제들 모두 약속된 전철역에 도착하니
조카사위 직접 차 몰고 왔네
그 옛날 군대생활 할 때는
연대장 얼굴 한두 번 보았을 뿐
나이 많은 영감님으로 생각했는데
오늘 보는 연대장 조카사위는
어찌 다름없이 젊어 보일까
우리 형제들 그만큼 늙어서인가

매제 생일 잔치집처럼 활기차네
9명 손주들 얼굴 확인하느라
웃음꽃 피웠네

스마트 폰

전철 안 유모차 안에서 아가가 우네
옆에 서 있던 세 노인 몇 살이냐 물어보니
16달 되었다 엄마가 대답해주네

엄마가 유모차 안에서
아가 들어 올려 품에 안아도
아가는 계속 우네

달래다 못해 다시 유모차에 앉히더니
뭔가를 꺼내 작동해 아가에게 보여주니
이게 웬일! 아가 울음 뚝 그치네

서 있던 세 노인 눈 휘둥그레져 물어보니
스마트 폰 속 아가 웃는 얼굴 보여 달라
그리 운 거라네

왜 진작 보여주지 않았느냐 물어보니
아가가 중독될까 그랬다는 말에 세 노인
혀 끌끌 차면서 어쩌나 이미 중독된 걸!

독감 예방주사

차일피일 미루다
무료 독감주사 맞지 못하고
오늘 단골병원에 가 맞는데

제일 궁금한 건 며칠 간이나
금주해야 하는지가 걱정

저녁식사 때
반주 한 잔 없으면 무미건조
청할 수 없는 밤잠

부끄러워 차마
의사에게는 못 물어보고
담당 간호사에게 물어보니

내 마음 빤히 들여다본 듯
생글생글 웃어주면서
손가락 하나 펴 보이네

대선大選

대선후보 3명
처음 확정될 때 얼굴들
모두 환하게 웃어 보이더니

선거 일자 가까워올수록
3후보자 얼굴들 일그러지고
국민 표정들 또한 어두워가네

서로가 서로를 헐뜯고
권모술수 번뜩이고
이전투구들이네

그래 나는 결정했네
상대편을 가장 덜 비방하는 분에게
나의 소중한 한 표를 행사하기로

십이촌 지간 아우

12촌 친척 아우 찾아와 술잔 나누네
형님 아우 부르며 집안 이야기 나누네

6대조께서는 형제분들이셨는데
180여 년 세월에 12촌 간 되었네

살아생전 내 아버님 이야기 들려 받고
살아생전 아우 아버님 이야기 들려주네

생존 때만해도 한솥밥에 10촌 난다고
형제분들처럼 가까우셨던 걸 알고 있네

술기 오르자 옛 분들 그리워하네
술기 오르자 두 사람 옛 분들 되었네

등산용 지팡이

평평 내리는 함박눈
가까운 불암산도 수락산도
눈발가려 보이지 않네

돌잔치 시각은 다가오는데
눈발 잦아들 기미 보이지 않자
두 내외 집을 나서네

미끄러질까
등산용 지팡이 들었고
아내는 내 왼팔 꽉 잡고 걸어가네

벌써 지팡이라니!
한심스러운 생각에
발걸음조차 무거운데

눈 우산 받쳐주는 아내
팔 잡고 가는 눈길 싫지 않은지
우리 손주들 지난 돌이야기 하네

대선 투표일

전철역에서 내려
마을회관 투표소로 걸어가는데
앞서 걸어가는 두 할머니
한 분은 기역자 허리에 지팡이 짚고
다른 한 분도 반쯤 굽어진 허리

이 추운 날
들판은 얼어붙고 내려쌓인 눈에
길 또한 이리도 미끄러운데
집에서 손주들이나 봐주며 지내시지
투표는 무슨 투표냐 말하려다가

지팡이로 한 대 맞을까봐 입 다물고
얼른 앞서 서둘러 회관 들어가
투표하고 나오니
두 할머니 아직도 저만치서
못 다한 이야기 이어가며
걸어오고 있네

크리스마스 날이 오면

크리스마스 날 텔레비전에서
어린이들 부르는
크리스마스캐럴 들으면

그 옛날
종로 6가 그 골목
그 아이들 그리워지네

비탈진 그 골목길에서
철사 줄 얽어 만든 썰매 타고
내리달리며 놀며

동네 교회에도 몰려가
알사탕 받아들고 좋아하던
가난했던 그 시절 그 아이들

다들 어느 하늘 아래 살고 있을까
다들 할머니 할아버지 되어
그들도 나를 그리워할까

제4부

이 나이에 길이라도 잃으면

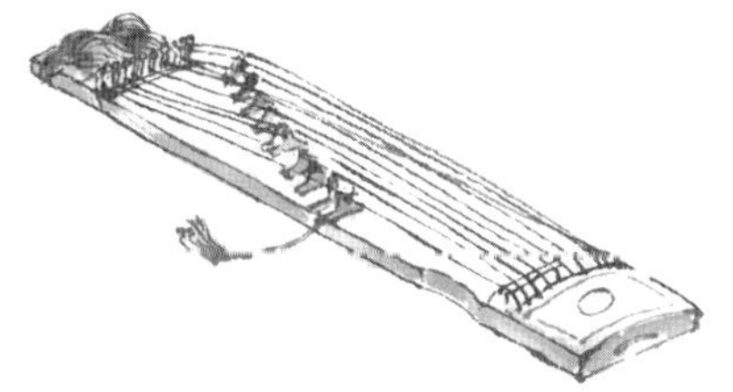

매실주 한 병 들고 가네

매실주 한 병 들고 가네
술병 속 매실주 찰랑대며
빨리 가라 재촉하네

시골 농막 앞
매실나무들도 눈길 주며
어서 가라하네

빨리 가야 할 텐데
하필이면 웬 함박눈 펑펑 내려
가는 길 멀게 하는가

반백 년 넘게 이어온 끈질긴 우정
오늘 만날 그 얼굴들
매실주 기다릴 텐데

목련꽃과 백내장

새하얀 꽃으로
새하얀 구름으로
새하얀 학의 날개로

그렇게
새하얀 색으로만
너를 보며 사랑하면서

목련꽃아
부끄럽구나
내 백내장 눈앞 가려

너의 새하얀 살 속
잔잔한 연미색 물결
수술 후 오늘에야 보는구나

동두천 친구

아내와 둘이서 저녁식사하며
그 친구 이야기 나누네
그 친구가 사서 싸준
소고기 참 맛좋다하며
연상 고개 끄덕이네

만난 친구들 점심도 사주고
또 집에 가 아내들과 들라고
사서 싸 주기도 하고
그 옛날 우리 내외 결혼식 전날
그 친구 함 지고와 말썽부리고
그 친구 땐 내가 함 지고 가고

우리 두 내외 소고기 구이로 저녁 들며
반백 년 전 옛이야기 나누네
고교 동창 중 자수성가로
크게 성공한 친구 축하하며
축배도 들어주네

치매라도 걸렸나 봐!

전화벨 울리기에 받아보니
고등학교 동창 치과병원장
웬일이냐 물어보니
왜 안 오는 거야
아직도 집에 있는 거야
오늘 만나기로 한 거 잊은 거야

깜짝 놀라 책상 앞 달력 보고서야
아차! 깜박 했구나 이럴 수가!
오늘 모임 내가 결정 통보해놓고
만나는 김에 치료도 받기로 하고
까맣게 잊고 있었다니

부랴부랴 전철 타고 도착하여
한 시간이나 기다려준 친구들에게
미안해! 치매라도 걸렸나 봐!

막역지간莫逆之間

아무리 막역지간이라 하지만
오늘 만난 자리에서
나눈 말들
인생무상 모르는 바 아니지만
씁쓸하기 그지없네
허전하기 그지없네

이미 자기는 유언장 써놓고
해가 바뀌어 정초되면 꺼내어
또 보충해놓느니
마누라 먼저 가면
어떻게 혼자 살겠느냐는 물음에
술 담배 하는 자기가 먼저 간다느니

여보게 친구들!
아무리 막역지간이라 하더라도
술좌석에서는 그런 말 꺼내지 마소

얼어붙은 거리

하필이면 이렇게도 추운
오늘 저녁 모임일까

그래도 가야지
반겨줄 그 문인들 밝은 얼굴들
가서 만나봐야지

40여 년 메마른 사업에서 벗어나
이제 늦게야 만나게 된
인정어린 문인들인데

쌓인 눈 녹기는커녕
점점 더 얼어 붙어가는 저녁 길
조심조심 걸음 옮겨가는데

그래도 반겨줄 그 문인들 인정어린 모습에
마음만은 따사롭네

새끼 잃은 암소 우는 걸 보고

이제 나이 많이 들어
긴 세월 운영해오던 치과병원
원장 노릇 그만두고

새로운 노년을 사진작가로 시작한 그 친구
오늘 동창 모임에서 한 말 믿을 수 없네

어느 축사에 가 소 사진 찍다가
새끼 잃은 암소 우는 걸 보고
저도 굵은 눈물 흘렸다는 그 말

눈물까지 흘렸다는 그 말하면서
어찌 그리 소고기 잘도 먹으며
슬픈 표정 없이 희희낙락 할 수 있는가

하기야 슬픔의 눈물 다 기억하면서야
이 세상 살아갈 수 없기는 하겠지만

우정友情

오늘 또 만난 다정한 친구들
한 친구는 복분자술 가져와
한잔씩 따라주고

내가 가져간 산복사술도
한 잔씩 따라주니 한 친구
개복사술이로군 하기에

노견老犬들께서 마시고
장수하라는 술이라 대꾸해주니
화는커녕 다들 박장대소

허전한 빈 손

다정한 친구들 모임에 가는 길
오늘 내 손에는 술병이 들려있지 않네
새로 거른 매실 술
좋은 향기로 유혹했지만
뿌리치고 빈 손으로 나왔네

한 친구는 뇌졸중 증상으로
또 한 친구는 백일 금주 중으로
또 한 친구는 아내의 금주령으로

그러니 어쩌겠는가
이제 나이들 많이 들어
술도 마실 수 없게 되었으니

그런데 왜 빈 손으로 가는 이 마음
이리도 허전 할까
좋아하는 술까지 뺏어가는 나이
어찌 이리도 원망스러울까

무위거사無胃居士

자칭 무위거사라 하기에
불자의법명이냐 물었더니

위암으로 위를 잘라내
위가 없는 백수라고

주눅 들지 않고
허세 떠는 건 가상하다만
담배는 왜 물고 있는가

담배 연기까지 데려가려
저리 재촉 심한데
어찌 막을 수 있겠는가

와신상담臥薪嘗膽

분명 오가피 술로 알고
술을 거르는데

이게 웬일!
칡들도 반이나
섞여있으니

누구와 원수 진 일도 없는데
쓸개보다 더 쓴 이 술
어찌 마시나

고교 동창회 가는 길

전철 타고
고교 동창회 가는 길
동창들 얼굴 떠올려보네

지난 3년 만에
동창들 얼굴 또 얼마나 변했을까
이름표 보아도 몰라볼 얼굴 많겠지

하지만 마주앉아 술잔 나누며
학창시절 옛이야기들 주고받으면
옛 모습들 드러내겠지

살아온 길은 모두 달라도
이루어놓은 결실은 다 달라도
한 가지 같은 동창이라는 인연

고교 동창회 가는 길
전철 왜 이리 늦게 가는가
빨리 가서 동창 얼굴들 보고 싶은데

삼토회

친구들 모임에
너무 일찍 도착 했네

아무도 오지 않아
어항 속 들여다보고 있네

어항 속 저 금붕어들
무슨 할 말 저리 많아 뻐끔댈까

잠시 후
우리 친구 다섯도 모이면
저 붕어들처럼 술잔 나누며
꽤나 뻐끔대겠지

세월무상歲月無常

아주 오랫동안 소식 끊겼던
박 사장에게서 전화가 왔네
30년 전 내 나이 40대 중반이었을 때
50대 초반이라 함께 낚시를 다녀도
노인으로 여기던 그 박 사장 전화를 했네

하도 오랜만에 듣는 목소리라
이승이 아닌 저승에서 들려오는 목소리 같았네
너무 반가워 그간의 안부 물으니
아내는 2년 전 암으로 세상 떠났고
큰 딸네 식구와 함께 살고 있다 잘라 말하고

낚시 이야기만 하는 것이었네
허전한 속마음 보이지 않으려는지
그 옛날 함께 다니던 낚시터이야기만 하더니

금년 봄 아카시야 꽃 필 때
옛 낚시 친구들 모여 낚시 가자는 것이었네
월척이라도 걸리면 끌려갈 그 나이에

우정의 향기

지난달 모임에는
허리가 아파 못 나온 친구
오늘은 나왔네

마가목나무 붉은 열매로 담근
황금빛 술 한 병 들고 와
세 친구 술잔 채워주네

5년 전 설악산에 올랐을 때 눈에 띄어
따다가 담근 술이라네

매달 한 번 만나는 네 친구들
마가목 향기 마시네
반백 년 우정의 술 마시네

모과술

모과술 걸르네
은은한 향기에
맛보기도전 취하네

지난 봄 날
그리도 예쁘던
연분홍 꽃향기인가

지난 늦가을
울퉁불퉁 못도 생긴
착한 모과 속마음인가

걸러 담긴
황금색 모과술 위에
함께할 친구 얼굴들 떠오르네

찔레술

한 잔 따르는 찔레 술에는
지난 봄날 하얀 찔레 꽃잎들
나부끼고

두 잔 따르는 찔레 술에는
지난 가을 빨간 찔레 열매들
댕글댕글 눈부시고

세 번째 따르는 찔레 술에는
농막 뒷산자락 찔레 덤불들
함께 마시자 다가오네

걱정스러운 전화

어제 본 그 친구 얼굴 너무나 검다했더니
버짐이 햇볕에 쬐면 그리된다는 대답

의사가 그러더냐 물어보니
껄껄 웃으며 자기 진단이라고

이 친구야 나는 농사짓지만
자내처럼 검지는 않지 않느냐

농촌사람들도 아무리 둘러보아도
자네 얼굴처럼 검은 얼굴 못 보았다 했네

평소 옹고집으로 술 좋아하는 그 친구
병원에 가 진단이라도 받아야 할 텐데

말이 고프다는 친구

말이 고프니 만나자고 하기에
약속 장소로 나갔네

한잔 두잔 술잔 나누다보니
고픈 말 쏟아지네

정말 억울한 일로
4년 간 송사에 매달려
사는 게 사는 것 같지 않았다네

하지만 말을 계속할수록 친구의 눈에는
원한에 찬 독기가 높아져갔네

걱정되기 시작 했네
고희도 중반 넘은 나이에
웬만한 집착은 내려놔야 할 텐데

옛 친구들

그리도 빨리 가던 시간
오늘따라 왜 이리 더디게 가나

그 친구들 뭐기에 어린애처럼
이리도 가슴조차 설레게 하나

고희도 훌쩍 넘어
얼굴들 다 쭈그렁이들에다
머리는 빠졌거나 백발들인데

만나면 지금도
체면이고 뭐고 다 떨쳐버리고
짓궂은 옛날로 돌아가 그런가

학창시절 그 얼굴들
아직도 희미한 흔적들 지니고 있어
그 얼굴들 보러가는 길이라 그런가

이 나이에 길이라도 잃으면

한 친구 들고 온
산수유 산복사 마가목 열매
3가지 혼합 담금 주 1병

내가 들고 온
담근 지 5년 되는 매실주 1병
단골 음식점에서
무료로 내주는
약초 당귀 술 1병
그리고 이 3병도 모자라
별도로 주문해 들여온 막걸리 2병

친구들아!
이번 만남으로 끝장 낼 셈이냐
우리 나이에 길이라도 잃으면
집에서 기다리는 마누라들
어쩔 셈인가!

제5부

해가 갈수록
더 그리워지는 부모님

5대조께서 이루어주신 고향집
6살 때 떠나온 고향집
6.25 전쟁 때 아버님 숨어 계시던 고향집
오죽이나 고향집 그리우면 젊은 시절 동생과 함께 찾아가
이 사진 남겨놓았을까

어머님의 사랑

우주가 얼마나 큰지 알 수는 없지만
마음으로는 헤아려 볼 수 있지요

하늘이 얼마나 높은지 알 수는 없지만
마음으로는 하늘 그 너머 볼 수 있지요

바다가 얼마나 깊은지 알 수는 없지만
마음으로는 바다 밑 그려 볼 수 있지요

하지만 어머님의 사랑 얼마나 크신지
내 마음으로는 측량할 수 없답니다

어머님의 눈길

가시기 전 보내주시던
어머님의 눈길

그토록
자상하시던 그 눈길

자식 눈길 간직하시려 함이었나요
자식에게 남겨주시려 함이었나요

잔인한 2월

오늘로 끝나는 2월이지만
너무나 길고긴 2월

밤도 길었고 낮도 길었고
시간도 길기만 했네

슬픔의 깊이 또한 그만치 깊어
아직도 헤어나지 못 하네

내일 3월이 밀려와
꽃이 피고 새가 운다한들

이 슬픔 헤어날까
내 어머님 앗아간 2월에서

이 슬픔 덜할까

그래 감자 심을 때 되었다하니
농장 내려가 감자 심어야지

그래 강낭콩도 심을 때 되었다니
농장 내려가 강낭콩 심어야지

감자 꽃 필 때면 이 슬픔 덜할까
강낭콩 꽃 필 때면 이 슬픔 덜할까
가신 어머님에 대한 슬픔 덜할까

영산홍 꽃밭

묘소 봉분좌우 영산홍 꽃밭
아버님 홀로 외로우셨지만

이제는 두 분 합장으로 계시니
두 분의 영산홍 꽃밭

어머님 이처럼 활짝 핀 꽃구경 오라고
어제 밤 꿈속 찾아 오셨나요

어버이날 잊고 있었던
이 불효자 보고 싶으셔서
어제 밤 꿈속 찾아 오셨나요

풀피리

어디선가 들려오는
풀피리 소리

풀피리 소리 들으면
생각나는 아버님

동란 중 식구들과 헤어져
산속에 숨어계실 때

나무꾼 차림으로 음식 지고 온
13살 아들 앞에서

풀잎 따 입에 대시고
조용히 부르시던 풀피리

먼 훗날 와서야 알게 된
아버지의 아픈 그 6.25전쟁

찔레꽃 어머니

금년에도
제 철 어이 알고
찔레꽃 피네

농막 위 산자락 아래 밭
하얀 찔레꽃 더미
어머님 모습이네

그 옛날 고향
농다치고개 천수답 도랑가
참 이고 오르시어

아버님 땀 흘려 모심고 난 후
참 드시는 동안 앉아 쉬시던
그 하얀 찔레꽃 그늘

오늘도 밭일하며
찔레꽃 더미 올려다보며
또 어머님 그리워하네

향교鄕校

아버님 잠들어계신 산소에 올라오면
바로 가까운 좌측으로 내려다보이는 향교
올라오는 길은 정문 앞길이라
옛 이조 지방 문묘와 관리 학교 고풍에
공자님 모신 곳이라 숙연해지지만

아버님!
이곳 아버님 산소에서는 같은 남향이라
향교 뒷모습만 내려다 보입니다
사방십리 안에 선영 세 곳이나 있는데도
저 향교 터 14대조님 산소자리였다며
이곳으로 오시기를 고집하신 아버님

아버님!
이 향교 터를 북향에서 바라보고 계신
14대조님 마주보고 계신 겁니까
아니면 이 뒷산자락에서
이 세상 천하에 윤리도덕 가르쳐 주신
공자님 말씀 경청하고 계신 겁니까

불효막심

일어설 때 힘들어
손을 무릎에 대고부터야
아버님 그때 생각나네

아침마다
틀이 닦기 시작하고부터야
아버님 그때 생각나네

왜 그때는 그리도 무관심했을까
왜 그때는 위로 한 마디 못 드렸을까
왜 그때는 나도 이리될 줄 몰랐을까

내년에는 더 많은 꽃구경 하시라고

봄날 와 뵈올 때는 봉분 둘레
온통 연분홍 꽃송이로 뒤덮여 몰랐는데

여름날 와 뵈올 때는 봉분둘레
무성한 짙푸른 잎으로 뒤덮여 몰랐는데

이 늦가을 와 보니 이를 어쩌나!
부모님 산소 양쪽 낙엽 진 영산홍
얼기설기 가지들 흉하기도 하네

가지치기 해드리네
내년에 더 많은 꽃구경하시라
영산홍 예쁘게 가지치기 해드리네

어머니와 난초

난초야 웬일이냐
오늘 아침 꽃대 한줄기
솟구쳐 올려주었으니

이제 너도
잊으려하느냐
널 아껴주시다 가신 어머님을

동쪽 창가에서 가신 곳 바라보며
그리도 풀 죽어 너 또한
따라가는 줄 알았는데

혹시나 산소 주변
꽃들 피는 걸 보신 어머니
밤새 오시어 쓰다듬고 가셨느냐

어머니가 그리운 참새들

하루 세 끼
때마다 찾아오는 참새들
기다려 주시던 어머님

어머님은 가셨어도
오늘도 앉은뱅이 소나무와
영산홍 가지 그리고
벽돌담장 위에

포르르 포르르
차례대로 몰려와 앉아
창문 안 마루 들여다보며
무어라 재잘거리더니

내 안경
어머님 안경 닮아서인가
안심하고 날아들어
먹이 쪼는 참새들

밀려드는 그리움

아가 손녀딸 아장아장 걸어와
카네이션 꽃 건네주며
이건 하버지 이건 하머니

하도 귀여워
덥석 안아주는 가슴에
밀려드는 그리움

어머님 한 해만 더 사셨더라면
증손녀 딸 카네이션 꽃
한 번 더 받으셨을 걸

착각錯覺

어디 가셨나
방금 계시던 어머님
어디 가셨나

가꾸시던 영산홍 저 옆에서
웃어주시던 어머님
어디 가셨나

하얀 저 영산홍 꽃에는
어머님 백발대신
하얀 나비 한 마리

어머님 장독대

비 내릴 때 내다보면 눈물 젖는 어머님 장독들
눈 내릴 때 내다보면 추워 웅크린 어머님 장독들
안개 낀 아침 내다보면 시름잠긴 어머님 장독들
햇살 눈부셔 내다보면 밝게 웃는 어머님 장독들
어머님 그리울 때면 내다보는 어머님 장독들

추석제례秋夕祭禮

작년 추석만 해도
어머님 송편 참견 하시며
아버님 차례상 올려드렸는데

어머님은 이젠 자리 옮기시어
아버님과 나란히 제상 앞에서
차려드린 상 내려다보시네

어머님 그리움에
엎드려 절 올린 채
재배할 생각조차 잊고 있네

어머님 1주기 (1)

눈 내리네
싸라기눈 내리네
싸라기눈 가슴 파고드네

어머님 산소에도
싸라기 눈 내리겠지
어머님 추우시여 베옷 여미시겠지

가시기 전 못해드린 메밀수제비
제상에 올려드린다고
시장에 간 아내

지금쯤 어디오고 있을까
하늘 가득 뒤덮고 내리는
저 싸라기눈 맞으며

눈 내리네
싸라기눈 내리네
싸라기눈 가슴 속 후벼대네

어머님 1주기 (2)

지짐 부치는 소리
나물 무치는 냄새
도마 뚜드리는 소리

네 며느리들
제상음식 준비하느라
온 집안 시끌벅적 떠드는 소리

나 어린 손자 손녀들
재롱부리는 소리
칭얼거리는 소리

온 집안 어머님 1주기 맞는
슬픔의 그림자라고는
오로지 써내려가는
제사축문 글씨에만

두 분의 꽃

번갈아 다투어 피어
두 분 기쁘게 해드리는
묘소 주변 꽃들
낮에는 낮잠 주무시다
깨어 눈 부비시며
내어다보시고
밤에도 달 밝으면
깨어 눈 부비시며
내어다보시고

아버님 쪽
산수유 백일홍 매실꽃은 어머님 꽃
어머님 쪽
영산홍 진달래꽃은 아버님 꽃
두 분 서로
드리고 받으시니
두 분의 꽃

매화꽃

아버님 가시던 해 심어드린
매화나무 한 그루

십여 년 세월 함께한
좌우 개나리와 향나무
너무 크게 자라 앞 가려

봉분 속 두 분
매화꽃 피어도
보실 수 없구나

그래! 오늘 맘먹고
저 개나리 덤불 좀 다듬어주자
저 향나무 머리 좀 깎아주자

모란꽃

이리도 반가울 수가
모란꽃아!

살아있었구나 작년엔 안보여
가버린 줄 알았더니

강변 집에 두고 오기 안쓰러워
어머님 손수 옮겨 심어주신 모란

작년 성묘 겸 매실 따러 왔을 때는
꽃이 안 보여 가버린 줄 알았는데

살아나 피워주었구나
어머님 뵌 듯 반가운 모란꽃아!

단풍 소식

남쪽으로부터
올라온 꽃소식 꽃상여 되어
어머님 태우고 북쪽으로 가더니

아직도 아물지 않아 가슴 에이는데
차가운 단풍 소식은 어이해
북에서 오나

빗방울

할머님 제삿날
달리는 차창에 빗방울 때리네

빗방울 속 고향집 텃밭
할머님 흰옷 얼룩지네

번갯불 번쩍하더니
천둥벼락 가슴 치네

큰댁에 모인 백발의 사촌들
할머님 이야기하며 기다리겠네

조상님 묘소 이장移葬 (1)

증조부님과 조부 내외분
이 외진 산 속에서 그간
얼마나 외로우셨습니까
비록 부자父子내외지간 함께
좌우로 누어들 계셨지만
어찌 후손들 그립지 않으셨겠습니까
저 아래 고향집 내려다보시면서
농다치고개 너머 옮겨간 자손들
얼마나 그리워 하셨겠습니까

이제 농다치고개 너머
용천리 선영으로 이장 모시면
더 이상 외로움 없으실 겁니다
큰댁에서도 가까운 곳이고
먼저 가 잠들어계신 후손들도
다들 계시오니 외롭지 않으실 겁니다
5대조 이어온 고향과의 이별 아쉽지만
성묘 드리기 힘든 이곳
떠나셔야 하겠습니다

조상님 묘소 이장移葬 (2)

이제 내 고향 쓸쓸해 어이하나
네 분 상마저 이장시켜드리면
고향 갈 일 없어지니

어려서부터
백부님 아버님 삼촌 당숙님들 따라
벌초 다니던 고향 갈 일 없어지니

이제 내 고향 보고 싶어 어이하나
창문으로 고향 하늘이나 바라보나
꿈에서나 찾아가나

숭조당崇祖堂 (1)

이장 모신 증조님과 조부 내외분 우측에
가족납골당 마련하고 그 이름
숭조당崇祖堂이라했네

아버님 3형제 내외분
아들 손자 내외까지
42명의 만년유택이라네

매장문화 이대로 간다면
국토 3분지1 머지않아 무덤 된다니
납골당 사용 바로 나라 사랑 아니겠나

480년 전부터 이어져 내려오는
심심산곡 용문산자락의 이 선영
조상님들 새삼 추모케 하네

숭조당崇祖堂 (2)

예정대로 오늘 자손들 모여
숭조당에 잔디를 심네
청명 날이라 그런지 날씨도 청명하여
조사님들 심으신 빽빽한 낙엽송들
푸른 새 옷 갈아입어 햇볕에 반짝이네
이곳 저곳 숨어 핀 진달래 벚꽃 또한
잠들어계신 조상님들
웃으시며 반기는 모습이시네

남정네들은 막걸리 목 축여가며 잔디 심고
아낙네들은 점심 준비하며 쑥들 캐는데
아이들은 천방지축 뛰놀기에 정신들 없네
용문산 산자락 양지바른 이 곳
480여 년 전부터 선영 내려주신 조상님들께
우리 어찌 감사드려야할지 모르겠네
봉분 두어 개 자리로
3대가 들어갈 수 있는 숭조당
바로 조상숭배 가족사랑 나라사랑 아니겠나

고향집 업구렁이

비가 오려 낮 흐리고
우중충할 때면

울타리에 서너 마리 누어
찍찍 울어대도

무서워하시기는커녕
그 앞에서 합장하시고

점잖으신 업구렁이님
땅속 집에나 계시지

어이 나와 계시냐 물어보시던
어릴 적 고향집 증조할머니

그 구렁이들 다 어디로 갔나
고향 찾아도 지금은 볼 수 없으니

벌초 세대교체伐草世代交替

함께 벌초하시던
윗대 어르신들 다 어디로 가셨나

저 소나무 위에서 내려다보고 계신가
저 구름 위에서 내려다보고 계신가

데려온 손주들은 어디로 갔나
지난날 아범들처럼 머루다래 따는구나

어느새 장년 나이 자식들과
힘들게 낫질하는 백발의 사촌지간들

한식 성묘寒食省墓

봉분의 잔디 얼지나 않았나 걱정했는데
와보니 파릇파릇 새싹 돋아내고 있네

산수유 꽃 피었을까 궁금했는데
와보니 노란꽃잎들 벌써지려하네

개나리 진달래 꽃 다툼 어떨까 했는데
와보니 노랑빨강 한참 뽐내고 있네

연산홍 매화꽃은 어떨까 가늠했는데
와보니 생각했던 대로 몽우리 맺고 있네

이상 고온 하도들 떠들기에 걱정했는데
와보니 봉분 속 두 분 걱정 말라하시네

시제時祭

오늘 이 자리
세월의 간격이란 없네

15대조 내외분으로부터
고조부 내외분까지
49분의 조상님들

상석 앞에 후손들 다 모여
삼가 올리는 제향 받으시는데
이승과 저승 하나 되었네

조상님들 대견해 하시는 미소
후손들 얼굴에 스며들고

내려주시는 따사로운 음복
차가운 산속 추위도 녹여주시네

한글 족보를 완간하고 나서

아버님 대代에만 하더라도
신주 모시듯 소중히도
대접받아오던 족보
이제는 벽장에나 책장 구석에서
천대받는 신세 하도 딱해서

한문으로 씌어져 그런가 하여
한글로 번역 가로쓰기로
완성 해놓긴 했는데
그것도 10년이란 세월이나 걸려
몇 번이고 포기하려다 끈질기게
오늘에야 출간해 놓았는데
책상 위에 놓인 화려한 문중 족보
그러나 왜 이 마음 이리도
가볍지 않고 어둡기만 할까

증조부曾祖父는커녕
조부祖父이름도 모르는 이 세상
걱정되어 그런가

조상님 시를 읽고

한문으로 되어있는 문중족보
5년에 걸쳐 번역하여
마지막 교정을 보면서

24대조 되시는
충선공 문익점 시 읽어보니
요즘 시인과 다른 게 없구나

보시던 산과 들
개울 속 잠긴 달과
정담 나누시던 조상님

21세기에 산다고 우쭐대며
옛 조상님들 잊고 살아온 내가
새삼 부끄러워지네

진실의 칼날

15대조 조상님들로부터
역대후손들 잠들어계신 선영이 탐이나
양도소송을 걸어온 문중일원
온갖 위조 서류로
문중 어르신들 12년 간이나
그 송사에 매달리게 한 후안무치
그 당시 50대였던 나
모든 자료를 수집하여 변호사에게
제출해야만 했네

국립도서관이며 집안 족보 찾아 헤매며
교묘히 위조하여 제출한 양도소송에
대처해야만했네
결국 진실의 칼날은 승리를 가져다 주었지만
지방법원으로부터 헌법재판소 기각 판결까지
문중 어르신들 얼마나 애들 쓰셨던가
하지만 조상님들께서
나에게는 다시는 그런 일 없게
문중족보 발간이라는 큰 선물 주셨다네

변호사

머리 허연 저 변호사
국회의원까지 지냈다는 저 변호사
누가 옳고 그른지 뻔히 알만도 한데

450여 년 이어 내려오는 선영이 탐이 나
묘소 비석도 새로 가짜로 세우고
족보도 허위 조작 송사한 저 파렴치인데

어찌 저들 편에 서서 일할 수 있나
그래야 밥 먹고 살아 그런가
법이 그래서 그런가

천 년 전 할아버님

천 년 전 할아버님 내 앞에 앉아계시네
허연 백발에 허연 수염 쓰다듬으시며
내려다보고 계시네

고려 인종 때 우판삼사 지내셨으며
당대명필가로 명성 이어오는 할아버님
족보작업 하는 내 곁을 지켜주고 계시네

할아버님 휘공유묘향산묘지명
한글로 번역하느라 애쓰는 내가 대견해
따스한 손길까지 느끼게 해주시네

남북 가로막혀 묘향산 못가지만
국립박물관 가서 묘지함 사진도 찍고
문중족보 내느라 애쓰는 게 대견해

어떤 때는 흡족하신 미소로
어떤 때는 꾸짖어 다시 고쳐 쓰라하시고
허연 수염 쓰다듬으시며 지켜주고 계시네

묘지명석함墓誌銘石函

천 년 전 조상님 경정공묘지함석함
이곳 국립박물관에 계시다하여 찾아와 뵈오니
유리창 밑에서 반겨주시네

이북 땅 묘향산 산기슭에 장사지낸 조상님
어찌하여 이곳오시여
후손 숙연케 해주시나

유골은 먼지 한 알 남았을 리 없지만
천 년 전 새겨진 청룡백호현무주작 살아 움직이니
조상님 혼만은 깃들어 계실 터

천하명필 보현사비문음기 아직도 건재하고
생전업적 저리도 빛나는 천 년 전 경정공선조님
만년인들 더 아니 사실까

시적 감응感應과 자유로운 바람의 영혼

—문종환 시인의 매혹적 현상의 당위성

엄창섭
(가톨릭관동대 명예교수, 김동명학회 회장)

1. 아득한 정신풍경과 길항拮抗 현상

모름지기 따뜻한 감성을 지닌 특정한 시인의 정신적 결과물의 평설에 있어, 소소한 삶의 일상을 시의 본질인 서정성으로 풀어서 쓴 '공간적 해명과 생명의 교신交信은 일상의 감동을 회복시켜주는 심적 치유治癒의 역동성'을 지닌다. 일단 순수성이 변질되어 미적 주권의 확립이 보다 힘겨운 현재성에서 맑은 영혼과 따뜻한 감성의 소유자로서 담백한 시격詩格을 응축시켜주는 문종환文宗煥 시인이 팔순八旬을 지나친 불확실한 시간대에서도 뜨거운 시혼을 마그마(Magma)처럼 분출시켜 제6시집 ≪좌절의 길목마다 심어준 시詩의 꽃씨들≫ (계간문예, 2019)을 이처럼 묶어 간행하는 것은 또 하나의 놀라움이며 신선한 충격이다. 양평군 옥천면 신복리 24번지에 탯줄을 묻고 연세대 상경대학 상학과를 졸업한 화자(persona)인 그 자신은, 당당한 자존감을 지켜낸

경영인으로 젊음의 한 때 〈동진공업사〉 대표를 비롯하여 〈선일무역주식회사〉와 〈효봉무역주식회사〉 대표이사를 역임한 실체이다.

그간에 다소의 부족함이 없지 않았으나 평자는 〈정직성과 길 찾기의 시적 매력〉의 당위성과 결부지어 문종환 시인의 시세계를 확장하여 기술하였을 뿐더러, 그의 제2시집에서 감성의 시학과 매혹적魅惑的 변명-서정의 일상과 ≪지족知足의 행복≫ (시339편)을 전제前提하고 합리적 해법의 실마리로 풀어보였다. 한편 삶의 시간대를 일관되게 시쓰기에 몰두하면서, 높은 가지 끝에 차오르는 물의 강인성과 자연이법을 거역하지 아니하고 겸허한 생리로 연계성과 접점接點을 결속하여 '사랑, 화평, 감사'라는 건강한 언어의 심연과 합일하여 상처받은 영혼의 치유를 위하여 한순간의 분노마저 정화시키는 경건한 존재와의 만남이 자못 소중함을 지적하였다.

여기서 삶의 의미와 무게가 켜켜이 쌓인 시집에서 지극히 순수서정성이 일상의 개아個我로 형사形似되어 빛나는 서시序詩 〈세월〉에서 "함박꽃 한잎 두잎 떨어져 슬퍼 보이지만/한해 피울 수 있었던 걸로 행복하답니다//모과나무꼭대기 모과 한 알 고독해보이지만/노랗게 끝까지 익힌 걸로 행복하답니다//거울 속 백발과 깊은 주름 슬퍼 보이지만//최선 다해 보낸 세월 후회 없답니다."의 보기처럼 생명외경의 시정신이 확증되지만, 그 자신의 자서격自序格인 시집 〈서문序文〉에서 "그간 21년간 아내와 농장을 오르내리며 농사를 지으며 시와의 제2 인생을 걸어오면서 짧지 않은 세월 집안에서 빗자루 한번 거들어주지 않고 지낸 남편에게 불평 한마디 없이 참고 견뎌준 고마운 아내에게 이제부터는 그 보상으로 아내를 도와 집안일을 적극적으로 도와주면서 여유작작여생

餘裕綽綽餘生을 보내고자 한다, 나의 사랑하는 모든 분들에게 이 제6시집 ≪좌절의 길목마다 심어준 시의 꽃씨들≫을 드리고자한다."는 술회述懷를 통해 마침내 맑은 영혼의 소유자라면 응당 가슴이 저려올 것이다.

이 같은 맥락에서 생명의 기표에 의한 한편의 시는 문학의 정수精髓로서 상상과 감정을 통한 생명의 재해석인 까닭에, 치열한 이기주의로 치닫는 지식·정보화 사회에 몸담고 있는 대다수 특정한 시인의 시적 조건은, 일차적으로 일상의 삶에서 풀어 쓴 정직한 시론과 뼈아픈 자아성찰, 그리고 타자他者를 지향한 따뜻한 감사의 시학일 것이다. 일찍이 R. M 릴케의 "시는 체험이다."는 지적은 당위성을 지닐 뿐 아니라 정신적으로 창조된 것이 물질보다 생명적이며, 시적 상상력이 작동되어 생명의 교감을 일깨우는 작위作爲는 스스럼없이 창조적 영혼과 결속되어 이채롭게 빛난다.

다소 호흡이 긴 연작시 양상의 시편으로 무위자재無爲自在의 삶을 위해 하나 같이 '하늘엔 별, 땅에는 꽃, 마음에는 시'가 더없이 요청되어지듯, "고마운 나의 시의 여신이여/나이 많아 그대 곁 떠날 줄 미리알고/좌절의 길목마다 시의 꽃씨들 심어주셨군요/그리하여 시집 3권으로 만족하며 헤어진 나에게/또 다른 시집 3권을 건네주셨군요(좌절의 길목마다 심어준 시詩의 꽃씨들 · 1)"의 예시도 그렇지만, "온통 눈 세상인데/무엇을 찾기에/그리도 넋 잃고 내다보고/서있는가요//저 쌓인 눈 속에/그 무슨 보석이라도/숨어 있는가요(흰 눈 속에서 붉은 꽃 시詩한 송이)"에서 생을 반추하는 비장감悲壯感은, 견고한 성곽城郭에 비견되는 편집구성의 틀 짜기로 〈제1부. 좌절의 길목마다 심어준 시詩의 꽃씨들, 제2부. 새내기농사꾼 저 노인, 제3부. 복에 겨운 푸념, 제4부. 이 나이에 길이라도 잃으면, 제5부. 해가 갈수록 더 그리워지는 부모님〉처럼 평균율을 지탱하여 시적인 진동효과를 한층 드높여주고 있다.

비교적 자유로운 바람의 영혼과 소통의 통섭에 기인起因한 시적 정감을 조화로움의 연계선상에서 '존재의 간극 좁히기와 소통의 교신'으로 자잘한 일상의 느낌과 시감詩感을 말끔 정화하여 극대화시킨 정신작업은 그 나름의 의미와 가치를 지닌다. 이 같은 시작詩作 행위는 '선순환은 은총과 감사와 봉헌의 반복에서 비롯되지만 저주, 비난은 부정적 뇌기능에 자극을 준다.'라는 기교(craft)적 처리는 어디까지나 전제조건에 해당한다. 따라서 '날刃 푸른 도끼에 찍히면서도 향나무는 향香을 뿜어내듯' 담백한 시격의 소유자로서 시 쓰기를 마치 '영혼의 호흡처럼 일정한 틀 없이 자유롭게 구가하는 문종환 시인은, "이렇게 마주 바라보니/겨우내 못가 본 농막/나도 너처럼 그리워지누나(영지버섯 1개)"의 보기나 또는 '목련나무 두 그루, 모과나무 한그루, 벚나무 한 구루'와 같이 "내일이면 너희들은/베어질 운명//한식구로 지낸 세월 하도 길어/그간 깊이든 정 하도 아쉬워/농장으로 옮겨 살려주려 했으나(나무들과의 惜別"에서 새삼 아쉬움이 주어지듯, 충직한 독자로서의 지대한 기대치는 소홀하게 지나칠 수 없다. 그간 오랜 날 평자의 지론은 특정한 사람과의 만남이 때로는 운명적이듯 다양한 음조와 색조로 시의 지평을 열어 보인 '언어의 신비 캐내기'에서 사유의 속도를 늦추면 눈앞의 대상이 달라 보임은 주의 집중할 일이다.

2. 개아個我의 서정성과 우주의 길 찾기

보편적으로 상징의 숲을 거니는 시인은 머레이 북친의 지적처럼 생태위기를 벗어나려면 인간중심주의의 경계를 먼저 무너트려야 한다. 이 같은 관점에서 차고 처연하되 담백한 시적 이미지는 고통을 눈 뜨게 하는 빛나는 응결체로 작동하기에, 비록 서정성이 내재된 다수의 시편에 수용된 현대의 불안의식과 감각적 표현 등에 내면인식의 중량감이 더해지고 눈부심이 주어짐은 목가적 서정성에 연유한다. 까닭에 "풀들도 타죽어요 말하며/말라가는 논물 내려다보는데//마늘 캐러 다녀오던/언덕 너머 장씨 내외도/가뭄에 마늘농사 망쳤다하네(우울한 농막의 대화)"의 보기나 "여름 한철/밭일하고 나서/흘린 땀 씻어 내리는 곳//오늘은 아내가/발목까지 잠그고/질경이 씻고 있네//불혹의 아들/기침에 약된다고/뿌리 채 뽑은 질경이(농막 옆 도랑물)"에서도 쉽게 확인될 것이다. 한편 그 자신의 다양한 시적 질료로 사용된 오브제(object)는 '책상 위 모과 한 개(3)'는 물론이고, 노년을 함께 여유롭게 유유자적하는 아내와 함께 삶의 농막에서 종종 입증되어질 즉물적 대상으로의 각종 채소류도 한번쯤 유념할 정황이다. 차지에 "반 백년 넘는 안경이기에/오늘 또 내려와 결국 찾았는데/어찌하여 엉뚱한 오이넝쿨 밑에 숨어/기다리고 있었던 걸까//안경 찾는 김에 오늘 또 내려와/못 일구어준 오이 밭 끝내라/숨어 기다린 걸까(안경의 심술)"라는 의구심은 막연한 관심사關心事로 행간의 틈새를 좁혀 거리감 없이 해체되는 경우다.

또 하나 갈등과 대립의 이분법으로 절망의 끝을 확인할 수 없는 시간대에 계절의 순차循次에 따라 '나무와 나뭇잎이 헤어지듯' 잎은 떨어져 뿌리로 돌아가는 자연의 이법을 거역하지 아니하고, 일관되게 생명적인 언어로 영혼을 정화시키는 작업에 몰두한 그 자신의 서정성이 내재된 시편은 '다양하고 평이하되 구체적, 체험적이며 리듬과 자유로운 양상樣相'을 갖추고 있었다. 생명의 변주에 의한 신선한 감동을 충격적으로 일깨워준 시적 행위로 거듭 풀이되기에, 캇슨의 지적처럼 '새가 사라진 거대한 숲의 그 참담한 침묵'에 시적 상상력을 결부시켜야 한다. 이처럼 〈목련꽃과 복사꽃〉에서 점철되는 '소외된 외로움이 묻어난 슬픈 자화상'의 배경이랄까? 섬세한 정감의 소유자인 문종환 시인이 그 나름으로 체득한 바의 실제는 타자와의 관계층위에서도 상호배려감과 분별력으로 거부감 없이 항상 주위의 이들과 격이 없는 교유交遊가 이루어지기에 거듭 감사할 일이다.

그렇다. "산자락 붉은 진달래 꽃더미/농막입구 하얗게 물든 목련꽃/과수원 연분홍 매실 꽃들//둘러보고 또 둘러보아도/봄노래 불러 달라/성화들 하네(꽃들의 성화)"의 예시나 짐짓 '인적 없는 산기슭 내 조그만 영역인 농막에서 농부로 변신해서 풀 한 포기에까지 인사를 나누는 일상'도 그렇지만, "산에라도 오르는 것처럼/등산복에다/배낭까지 메고/새벽부터/서둘러 가는 곳은/산이 아니라 조그만 일터(복에 겨운 푸념)"처럼 인간관계의 본질적인 고독 앞에서 가슴을 앓아야 하는 슬픈 자화상이 담담이 수용된 그만의 시편을 대하면 '내 조국 러시아에 돌아가 노래를 부르고 싶다.'던 전설적인 러시아의 망명 성악가 포도르 샬리아핀의 절규가 아픈 기억 흔적(trauma)으로 다가와 그의 낯설었던 처연悽然함을 외면하고 선뜻 두 손을 잡는 경계 허물기를 몸소 행하지 못한 그 자책감自責感은 못내 가슴에 전율을 안겨주는 것이다.

각론하고 서정적 미감과 지극선至極善의 추구를 위해 주의 집중한 삶의 일탈은 아름다움과 진정한 행복의 가치를 확장하기 위한 투자의 시간대였다. 행복한 사람은 언제나 시간이 짧아 시 쓰기에 빠져 들다 보면 어느새 새벽과 만나게 될 것이다. 마치 그것은 두 개의 미적분 포물선이 교차하는 공집합 속에서 파악되는 천상이라는 모성회귀母性回歸로 가끔은 이해된다. “네 아들네 식구들 다들 모여/왁자지껄 생일 축하해주는데/난 왜 이리도 아버님 그리워질까//삼대 오순도순 지내던/집까지 날린 철부지 아들에게/꾸중 한번 주지 않으셨던 아버님(금禁줄)”의 보기나 일상의 삶에서 생체리듬으로 응당 겪어야 할 “하얀 구름으로/하얀 두루미날개로/그렇게 하얀색으로만/너를 보며/너를 사랑한 것이/어찌 네 탓이었겠느냐(목련꽃과 백내장)”의 반문(反問)이야말로 충직한 독자인 우리가 고독한 본질 앞에서 삶의 충만감으로 차오르는 ‘감사와 감동’은 종종 까닭모를 심연深淵과 상처받은 영혼을 치유시키려는 끊임없는 실천궁행을 통한 자명한 몽환夢幻 같은 황홀함이다. 이 점에 비춰 예감치 못했던 시적 작위가 묵언의 응시로 작동될 자신의 감성을 닦아가는 뼈아픈 통찰과 은총의 충만감을 인식하는 자극은 끝내 경이롭다.

이와 같이 인류의 정신적 스승인 헤르만 헤세가 ‘작가는 독자가 아니라 인류를 사랑해야 한다.’는 지적처럼 삶의 매순간 ‘꽃향내 묻은 푸른 식물성언어로’, 15세기 어느 선사가 “오! 놀라운 지고, 내가 샘물을 긷고, 장작을 패다니.”를 선시禪詩로 읊어내었듯, 소중한 연緣이 잇닿아 부푼 기대감으로 감동을 회복시키는 품격 있는 시인과의 조우遭遇는 정신기후를 따뜻하게 조성시켜 주는 계기에 잇닿아 있다. 때문에 분망

한 삶에서 '가끔 가쁜 숨을 몰아쉬며 산의 정상에 오르면, 또 다시 산을 내려가야 하는 이치'로, "지난 봄 밭갈 때는/약간 굽은 쇠스랑으로 몸 팔다리 쓰니/별 탈 없었으니//이제야 알게 되었다네/농촌 80고령 노인들/어찌 농사지으며 건강한지를(아주 평범한 지혜)" 새삼 깨닫게 하는 삶의 교시敎示와 동질성을 지닌 시편 〈어머니와 난초〉, 〈찔레꽃 어머니〉도 그렇지만, '어머님 이처럼 활짝 핀 꽃구경 오라고 어제 밤 꿈속 찾아 오셨나요?'라는 시적 발현에 의한 "묘소/봉분좌우 영산홍 꽃밭/아버님 홀로 외로우셨지만//이제는/두 분 합장으로 계시니/두 분의 영산홍 꽃밭(영산홍 꽃밭)"에서 색조가 다채로운 수채화는 못내 아득할 따름이다.

> 가시기 전 보내주시던/어머님의 눈길//
> 그토록/자상하시던 그 눈길//
> 자식 눈길 간직하시려 함이었나요/자식에게 남겨주시려 함이었나요//
>
> ─〈어머님의 눈길〉 전문

위에서 인용한 〈어머님의 눈길〉의 시적 정조情調야말로 지구상에서 가장 위대한 이름인 어머니는 가장 위대한 인간의 스승이다. 그렇다. 위대한 역사적 인물 뒤에는 사랑의 화신인 인자한 모성이 항상 존재하듯, 바로 어머니는 지성이 아닌 아름다운 창조적 영혼으로 인간을 위대하게 만드는 정신적 스승이다. 따라서 요람에서 무덤까지 절실히 요청되는 것은 자녀의 영혼을 위한 온전한 모성의 기도와 자장가다.

3. 관조적 담론談論과 사유의 화소話素

특히 서정시 쓰기가 어려운 오늘의 사회현상에서 〈관조적 담론과 사유의 화소〉의 탐색이 어설픈 시적 변명으로 치부될지라도, 삶의 중량감을 확장하기 위해 불확실한 삶의 격랑에서도 끊임없이 고뇌하는 특정한 시인의 정신적 생산물을 놓고 생명기호인 소통의 도구에 관한 통일된 체계성의 유지와 정체성의 확증이 요청된다. 특히 우주의 신비를 캐어내는 지속적인 가치추구를 위해 응축 미와 긴장감은 끝내 늦출 수 없다. 그 중에서 기억에 담아두어야 할 스키마(schema)라면 질서의 무너짐과 으깨어진 서정성의 불감증이다. 때문에 개아적인 그 자신의 시세계를 분할 · 통합하려고 가슴을 조아리는 문종환 시인이 생생한 일탈의 정신에 즉물적 현상을 대비시킨 시적 수사는 그 특성이 한층 이채롭다. 또 조금은 다른 시각에서 삶을 통해 체득한 이미지를 시적으로 형상화한 〈변호사〉를 포함한 시편 중에서 "결국 진실의 칼날은 승리를 가져다주었지만/지방법원으로부터 헌법재판소 기각판결까지/문중어르신들 얼마나 애들 쓰셨던가//하지만 조상님들께서/나에게는 다시는 그런 일 없게/문중족보 발간이라는 큰 선물 주셨다네(진실의 칼날)"의 보기처럼 따뜻한 질감과 섬세한 붓끝의 터치에 의한 생명적인 정신작업은 당당한 존재감에 기인하기에 놀랍게도 피어난 시의 꽃은 다채롭고 더없이 눈부시다.

그처럼 '이미 죽어간 이들이 그토록 갈망했던 미래의 시간인 오늘'을 살아가는 우리가 인류에 대한 사랑을 '사유의 화소'로 변형시키지 않으면, 눈부신 꿈과 이상을 결코 실현할 수 없기에, 진리와 자유를 수호하는 정신작업의 종사자들은 창조적 행위를 응당 실천궁행하여야 한다. 모름지기 상생과 통섭通涉의 시세계를 구축하려고 진지하게 노력하며 시적 현상을 위한 해체와 재창조를 반복하는 '창조적 시학과 우주와의 교감'도 그렇지만, 시인의 차별화된 시세계에 연계한 공간과 시각, 그리고 정신풍경에 의한 통합의 시론을 탐색하는 작업은 비장감이 묻어난다. 여기서 미적 주권이 확립된 순수서정시를 쓰기 어려운 삶의 시간대에서 매순간을 '꽃향기 묻어있는 식물성언어, 푸른 생명의 언어로', 일상의 감동을 회복시키는 담백한 시격은 따뜻한 정신기후의 조성에 그만의 당위성을 지니기에 유의미하다.

모름지기 '체취와 색깔, 육성'을 내세워 모의模擬나 아집의 모남이 없는 화자인 그 자신의 정신지리와 낯익은 풍경의 현현顯現도 그렇지만, 깊은 사유와 추상에 잇닿은 시인식의 세계에서 눈부신 시어를 담금질하는 그 현상은 마냥 신선하다. 따라서 '대지에 굳건히 뿌리를 내리고 하늘을 향해 두 팔 벌려 기도하는 나무'의 추이를 통한 '나무의 미학'은 생태학적 현존성에 인간의 삶을 비유적으로 대입시킬뿐더러, 나무의 이원적인 상징구조는 신앙적 대상으로 생의 원리에 순응하며 목적지향적인 삶을 염원하는 사람살이를 효과적으로 투영하는 질료임에 틀림이 없다. 오랜 날 본질적 고독 앞에서도 순수서정성을 꽃 피운 맑은 영혼의 울림은 대비對比의 역설이랄까? "7월초 들어서서는/푸른 잎 속에 숨겨 길러 떨어트린/노란매실들 줍고 밭일 시작했는데//오늘 7월 중순 내려 와보니/매실나무들 한 알도 남기지 않고/다 떨어트렸네(매실과 가는 세월)"의 보기처럼 지상적이며 여성상징인 '꽃의 발화發花'는 자기희생의 비장감이 길항拮抗현상으로 한층 엮어져 시적 상상력을 확장시켜주기에 '떨켜(abscission layer)의 개념이 '잎, 꽃, 과실 등 각 기관의 기부에 발달된 이층에서 분리되는 현상임'은 명상호흡을 통해 한번쯤 가늠할 바다.

결론적으로 범신론자인 스피노자가 '도덕과 힘을 동일한 것'으로 지적했듯 진정한 정신작업의 종사자라면, 도덕적 행위 앞에서도 끊임없이 변화 · 발전을 위해 고뇌 속에서도 경계층위를 허물며 설정된 삶의 좌표를 향해 역풍을 가로지르면서도 비상하여야 한다. 모쪼록 시의식이 항상 깨어있는 그 자신의 시집서평을 가름하며, 우주를 창조한 절대자絕對者와 존엄한 역사 앞에서 올곧은 당당함으로 시대적 소임을 실행하는 '존귀한 별'처럼 엄격하게 자연의 이법을 거역하지 아니하고 삶의 잠언箴言을 일깨우는 시정신이 날刃 푸른 존재자로서 '새길 트기'에 오직 전념할 일이다. 서평의 말미에서 스피노자가 '도덕과 힘을 동일한 것'으로 의식했듯이 도덕적 행위를 앞에 놓고 지속적인 변화 · 발전을 위해 고뇌 속에서도 경계의 층위를 허물며 상처 받은 영혼의 치유를 위해 설정된 삶의 좌표를 향해 역풍을 가로지르며 못내 비상하여야 한다. 무엇보다 확고한 결단에 의해 창조주와 역사 앞에서 시대적 소임을 당당하게 수행하는 존귀한 별星座처럼 삶의 잠언을 감응하는 그 정체성(Identity)은 보다 확정적이기에 '2%의 염분이 오염된 바다를 정화시키듯 '극소수의 창조자'로서의 시대적 소임의 온전한 역할수행이다. 모쪼록 담백한 품격과 따뜻한 감성, 그리고 지조를 지닌 문종환 시인에게 평자의 절박한 기대감이라면, 홀로 깊은 사유를 합리적으로 통용하되 '미끄러짐의 시학'에 근거하여 시적 고뇌로 긴장의 끈을 결코 늦추지 말아야 할 것이다. 아울러 겸허하고 충직한 심성의 소유자로서 "창조자의 이름에 합당한 것, 신과 시인 말고는 없다."라는 역설과 같이 영감의 비의秘義를 해명하는 '순수서정시의 초병哨兵'으로서 '대륙의 심장'에 뜨거운 피가 흐르는 한限 시 쓰기의 작업을 일체의 주저함 없이 집념을 지니고 지속할 일이다.

계간문예시인선_149

문종환 제6시집 좌절의 길목마다 심어준 시詩의 꽃씨들

초판 인쇄 | 2019년 12월 10일
초판 발행 | 2019년 12월 20일

지 은 이 | 문종환
회 장 | 서정환
발 행 인 | 정종명
편집주간 | 차윤옥

펴낸곳 | **계간문예**
편집부 | 03132 서울 종로구 삼일대로 30길 21 종로오피스텔 1209호
주 소 | 03132 서울 종로구 삼일대로 32길 36 운현신화타워 305호
전 화 | 02)3675-5633, 070-8806-4052
팩 스 | 02)766-4052
이메일 | munin5633@naver.com, sina321@hanmail.net
등 록 | 2005년 3월 9일, 제 300-2005-34호

ISBN 978-89-6554-212-4 04810
ISBN 978-89-6554-118-9 (세트)

값 50,000원

이 도서의 국립중앙도서관 출판예정도서목록(CIP)은 서지정보유통지원시스템 홈페이지(http://seoji.nl.go.kr)와 국가자료공동목록시스템(http://www.nl.go.kr/kolisnet)에서 이용하실 수 있습니다.(CIP제어번호: CIP2019048925)